GUIDE TO VINTAGE WINE PRICES

GUIDE TO VINTAGE WINE PRICES

1979-1980 Edition

By
S. Jay Aaron

A JAMES WAGENVOORD—OAK ALLEY BOOK

WARNER BOOKS

A Warner Communications Company

For my children
Larry, Steven and Randi
and for Esther and Michael

WARNER BOOKS

Copyright © 1979 by Product Development International Holding, n.v.
All rights reserved.
Produced by Plenary Publications International, Inc.
10 East 49th Street
New York, N.Y. 10017

Associate Editor: Janet Goldstein
Writers: JoAnne Blackwelder; Chris Cox; Joel Reingold
Assistant Editor: Freida Saltzberg

ISBN: 0-446-97232-0
ISSN: 0191-7838

Book design by Kathleen Woloch

Warner Books, Inc.
75 Rockefeller Plaza
New York, N.Y. 10019

 A Warner Communications Company

Printed in the U.S.A.

First Printing: October, 1979

ACKNOWLEDGMENTS

This book would not have been possible without the help and time given by many friends and organizations. I owe a great deal to William Pelzer; Robert Cappucino; Warren Strauss; Louis Langdon; Roger Brandt; Chris Marshall; Jack Chambers; Louis Iacucci; Irv Falk; Abbey Harmon; Ken Gibson; Fred Kayden; Kevin Zraly; Dan Hecht; Deborah Golden; Barry Bassin; David Avrick; Peter Herzog.

I also wish to thank The Wine Institute, California; Food & Wines From France; The German Wine Information Bureau; Italian Wine Promotion Center; The Rioja Wine Information Bureau; The California wineries; The French Embassy, Food and Beverage Division; Comité National des Vins de France; Etablissements Nicolas, France; Beverage Media, Ltd; Liquor Store Magazine.

Almadén Vineyards; Austin Nichols Co.; Bacchus Selections; House of Banfi; Bonsal Seggerman & Co.; Cazanove-Opici Import Corp.; Chateau and Estate Wines; Crosse & Blackwell Vintage Cellars; Cork and Bottle, New York; C. Daniele & Co.; Draper & Esquin, San Francisco; Establishment Import Co.; Excelsior Wine & Spirit Corp.; Fine Spirits, New Jersey; Foreign Brands; Forest Hills Wines & Spirits; Franche Comté, Ltd.; Sidney Frank Importing Co.; The Jos. Garneau Co.; Goldstar Liquors, New York; A. E. Harris, San Francisco; House of Burgundy; International Wine Imports; Knickerbocker Wines Unlimited; Kobrand Corporation; Leonard Kreusch; Mediterranean Importing Co.; Miami Beach Rare Wines; Milton Kroenheim & Co.; Monsieur Henri Wines; Morrell & Co., New York; Peartree Imports; Maison Portier & Fils; Prosperity Wines; Quality House, New York; Standard Wines & Spirits, New York; Schieffelin & Co.; Sherry-Lehmann, New York; 67 Street Wines & Spirits, New York; Solano Winery; Somerset Wine Co.; G. C. Sumner Associates; United Vintners; Vineyards of America; Vintage Imports; Warren B. Strauss Co.; Frederick Wildman & Sons; Julius Wile Sons & Co.; The Wine Cart, New York; Wine Imports of America; Wines of All Nations.

FOREWORD

Having been asked to write an introduction for this remarkable and long overdue volume, I am grabbing the opportunity to promulgate a dreadfully unorthodox point of view.

For many years, I have been exhorted by wine writers as well as by oenological friends not to "drink labels" and not to be "a slave of vintage charts."

Well, hogwash! Or should I say *rince cochon*? I always drink labels, and I prefer labels from a good year. My aim is to drink either great wine or table wine — no middle ground for me. (Normally, if a wine is not great, I'd rather drink ale — or even buttermilk.) I don't crave wine at every meal — weeks can pass without my popping a cork. I drink wine mostly when I entertain or when I dine in a fine restaurant. But on those moderately frequent occasions, I insist on the finest.

For me, enjoyment of wine is much more than a simple appreciation of quality. Knowing where the grapes were grown, and by whom and when, adds a mystique to the experience that far transcends nobility. Suppose a great and famous Monet were suddenly exposed as a fraud. Would you still revere it as much as you used to? Although it would be the same picture, the label would no longer be "Monet." And why does the same diamond sparkle more in a Tiffany box?

Don't hand me glasses of, say, La Tâche '47 and La Grande Rue '49 and ask me to identify them. It's a fun game and I might be able to guess what I'm sipping—but I doubt it. I hope I'd be able to recognize each as a fine old Burgundy from the Côte de Nuits. But for me the whole thing would be a lot more meaningful if I knew what I was drinking—if I could drink the labels and be a slave to the vintage charts. Then I'd know I was dealing with wines from extraordinary adjacent vineyards. I could conjure up that funny line of diverging vines that indicates where La Grande Rue ends and La Tâche begins. And I'd also know that the wines were from two fantastic vintages. Well, that's what this book is all about.

S. Jay Aaron had an idea and now it's a reality. What you have in hand is really one gigantic and unique price list. And to my knowledge, it's the first of its kind. In this guide you can check the going prices of all the great wines of the world, year by year. (Many of us are lovers of older wines. We like our red wine velvety, our white wine close to maderized, and our Champagne "chocolate." We need this book.)

I hope there will be continually updated editions, and I suppose each will grow thicker as more and more vineyards are represented. This listing is for the serious wine drinker, and it presupposes that one is reasonably well-heeled. But watch your wine appreciate. I paid $16.20 for a bottle of Romanée-Conti '59 in March 1964. According to S. Jay Aaron, I'd have to pay $300.00 for the same bottle today. That's a growth rate two and one half times faster than gold! Read on, and, *Santé!*

—WILLIAM GAINES

CONTENTS

INTRODUCTION

The prices shown in my *Guide to Vintage Wine Prices* offer an up-to-date guide to the current market value of the great wines of the world. In addition you will find prices for near-great wines as well as many other wines also regularly available in good wine stores throughout the United States.

As a wine lover, investor, or combination of the two, using this guide will reap immediate benefits. Knowing the real price range a wine should be selling at will enable you to both strike bargains and avoid rip-offs. And whether it's for dinner tonight, for investment, or for evaluating a collection, there's one sure way that every wine in the world improves: knowing you're drinking a bargain.

Over the past few years the demand for good and great wines has skyrocketed, driving all premium-wine prices to unknown heights.

Every industrialized country in the world, including Japan, is consuming more wine than ever before. Buyers from a host of nations now compete wildly to acquire the major European and Californian wines. Even the lesser-known wines of Germany, France, Italy, and Spain are the objects of fiery bidding battles. New wine-producing areas are being probed as they never have been before. Eastern Europe, South America, and Australia are all entering the world wine market. Happily, the results are often both excellent and affordable.

Unfortunately for the U.S. wine afficionado, things are tougher than ever.

The percentage of wine production habitually earmarked for U.S. consumption is being drained off to other wine-buying nations. Longtime U.S. favorites from Bordeaux and Burgundy, for example, are increasingly being delivered elsewhere — just as American demand for them escalates. The downhill slide of the American dollar doesn't help the problem: Our money buys less in Europe than at any time in our history.

The result of these major factors — booming demand coupled with shrinking supply and a drooping dollar — is quite clear. Wine prices are soaring.

But whether soaring or just merely climbing fast, the price of a wine is always the result of a complex mix of interlocking variables. Taste — the result of a vintner's art and his luck with the weather — is only one of a number of criteria for establishing a wine's monetary value. Supply, demand, and fame, each an element of the others, play a very significant role in establishing a wine's present and future price. Added to the experts' pronouncements on "quality," these three factors are the key to classifying a vineyard's product in the world's most delicate ranking: the wine hierarchy.

The wine hierarchy or wine ranking is itself the most meaningful "line" on price.

It's not nearly as confusing as it sounds. Stock market values go up and down for much the same reasons. A stock's place in the "hierarchy" — i.e., its reputation — is really the most significant element in establishing its current value.

The wine hierarchy wasn't created by accident. Nor is it the invention of the great vineyards. To a certain extent individual governments attempt to control it, but even where regulated the hierarchy is not a government brainstorm. Quite simply, the hierarchy is opinion. It is the result of supply, quality, and public demand. Especially the latter.

The rigid codification of the hierarchy as in France's enforced government regulation of the *appellations contrôlées* was an afterthought designed to protect the already existing hierarchy established by public demand.

Interestingly, in the great classification of the wines of Bordeaux in 1855, the price the public paid for a given wine was as much a factor in ranking it as its fame or quality, as determined by the experts. Price then, as now, contributed to the establishment of the hierarchy—which in turn leads back to price.

And whether or not I've made this curious mixture understandable, the one thing you must know is that a wine's ranking is the key factor in how much you will pay for the bottled product.

Virtually all of the wines listed in this book are "vintage" wines. A vintage wine, quite simply, is a wine made of grapes all grown and harvested within the same year. A fine sherry, for example, is not a vintage wine. Sherry is the result of a careful melding of grapes grown and harvested in different years.

A great vintage is a year when everything was right for the making of a great wine. Sunlight and rain poured over the growing grapes at the times they should in the amounts they should. Whatever modern techniques present-day winemaking offers were applied at the right time in the right way. It might even come down to the grapes being harvested exactly on the proper day.

A great year for wine does not necessarily mean a great vintage for every vineyard. Climatic conditions change from place to place. Some vineyards may be no more than a patch of land on a small hill. The microclimate of one vineyard might be better or worse than a vineyard no further away than the other side of a rise in the land.

Although modern winemaking technology can save an apparently poor vintage from a disastrous destiny, Nature still rules the quality of the crop. Experts' evaluations of that quality form the first step in determining what a particular vintage of a given wine will cost.

The next step in the wine pricing process is a crucial one. It hinges on the judgments made by the importers and distributors who move the wines to places where we the public buy them. For the importers or distributors, the decision made on their purchase price of the wine is vital to their entire operation. A run of bad bids can break them.

These big buyers are the principal direct factors in establishing market value. What they pay is reflected directly in the wholesale prices they then set. This largely determines how much we will eventually pay for a wine.

Before bidding, the importer or distributor must carefully weigh everything he knows about a wine: expert opinion of the vintage, the wine's traditional rank in the hierarchy, knowledge of current stocks in — and demand for — this wine as well as competing wines, trends in the public's buying patterns, the effect of price on sales, and especially his own feel for the market. He needs to know wine. He must have a good riverboat gambler's intuition.

Whether it be an importer negotiating for a foreign wine or a distributor dealing with a domestic producer, the pricing process always comes down to two people putting their money where their taste buds are.

The producer obviously wants the highest possible price, but he might be nervous about demand for his wine or, perhaps, entirely too optimistic. The importer or distributor has the opposite goal, yet he may bid high in order to assure himself a supply.

Timing is essential. If an importer or distributor buys high when a wine is first offered, his competitors may stand back and wait in an effort to drive the price down. On the other hand, a producer who refuses initial offers which seem low to him may find he has few takers at all.

What is of particular significance to the wine lover is the fact that no producer sells all his wine at the same time or at the same price. These differences in the initial wholesale price are what enables a clever wine consumer to find a bargain right in his local store.

The retail prices which result from what wholesalers paid for wines (plus shipping, local taxes, storage, advertising, basic mark-up, etc.) will also vary considerably, sometimes radically. Why?

The principal reason is that many retailers do not follow the fluctuations in the wine market as much as they should. A wine a retailer bought at $4 to sell at $6 may now be worth $8 wholesale. If the retailer has forgotten to raise his price to the current market value, the pleasure is all yours. In the example used, you'll get a wine you should have paid $12 for at exactly half the price.

It happens all the time. Just recently I acquired several bottles of Steinberger Beerenauslesen 1959 for only $15 a bottle. At the same neighborhood store I also picked up several bottles of Château Lafite '64 and Château Mouton-Rothschild '66 for only $17.95 a bottle.

To make these bargains, it helps to keep some cash in your pocket and the smile off your face. When you go back the next day, the bargain prices may have already risen to their true value.

You must be careful, however, because a low price does not always mean a bargain. Care and storage of good wines is so important to their quality that a low price may mean that the merchant is saving on storage facilities. Don't be shy. Ask the seller how he stores his fine vintage wines. Many will be proud to show you their installations and professional methods.

Some bargains can also be found thanks to the very processes of wine marketing. Volume buyers can offer lower prices. Importers and distributors often run promotional sales and inventory closeouts. The savings to the retailer are passed on to you. To discover these advantageous moments, it helps considerably to establish a regular relationship with a particular store. A good wine merchant who wants to keep you as a client will almost always advise of bargain prices on the horizon.

The prices in this book are the result of careful research and painstaking comparative studies. They serve as a guide to the price spread you will find in different parts of the country. For all the reasons explained, there is no one set price for the entire country. There isn't even a single standard within the wine trade itself where prices vary from week to week and from region to region.

The price spread I offer here will serve you well. It is the consensus of hard information from coast to coast. The spread itself reflects the differences within the wine trade, plus variances between state and local taxes, fair trade and open market laws, and local liquor authority pricing regulations.

If you do find a wine at a price lower than the low end of my price spread, it is very likely a terrific bargain. It may be an outright steal. Remembering what I have explained about storage procedures, you can assure yourself that you really are getting a top-value buy.

My *Guide to Vintage Wine Prices* will also permit you to correctly evaluate the true current worth of a collection. It also may serve you as a comparative shopping guide. In no case will it help you choose a wine according to taste. That decision has always been yours.

Bargains abound. The knowledge for buying well is right before you. I am sure you will use it to your advantage.

Happy hunting!

BORDEAUX

Today Bordeaux wines are widely recognized as the finest in the world, one of the prime reasons to maintain a wine cellar and to lay away fine wines for future consumption. It was not always so. In fact, Bordeaux wines were not appreciated in France until the mid-1700s, and Alexis Lichine reports that King Louis XIV thought Bordeaux distasteful. Undoubtedly the king would have had the last word, had it not been for a deception: a bottle was mislabeled, and the Duc de Richelieu, having tasted, was true to the wine when he discovered its origin. Bordeaux, made respectable, was on its way to becoming great.

The verities in Bordeaux pricing have always involved region, vintage, and age. The more specific the designated origin, the more exclusive its appellation, the higher the price — thus the château-bottled wines are more expensive than those which can only boast of being from a comparatively large region such as Graves or Haut-Médoc. And vintages continue to be important; a 1965 will never command the price of a 1966 from the same château. Not only have the 1965s been judged generally inferior in quality, but they will also age less well, a result primarily of weather conditions in the year their grapes were being grown.

The vintage criterion has become somewhat unsettled in recent years, partly because scientific farming has helped to offset climatic damages to the grapes and so has somewhat leveled quality for the bet- ter, and partly because American and Japanese wine drinkers have recently created a huge demand for Bordeaux wines—which they prefer to drink without waiting the traditional fifteen years for the wines to mature. In response to these pressures, the Bordelais began changing their vinification methods during the 1960s in an attempt to create wines that would mature earlier. As a result, some recent vintages have reached their peak within six or eight years. It is still uncertain what these changes will mean in terms of the ability of the newer wines to age gracefully. Will they reach a peak and then decline, or will they, after being charming in their first decade, mellow into greatness during their second? For Bordeaux buyers, it is a worrisome question, for it has always been a given that with age, the red Bordeaux will appreciate in both quality and price.

Sauternes with age also increase in value and price. Though the current vogue is for dry white wines the very great Château d'Yquem was rated above all the others in the original Bordeaux classification of 1855.

For the moment, the price lists bear out the traditional expectation, and as the numbers will amply demonstrate, laying down a Bordeaux from a good year could be one of the best investments you'll ever make.

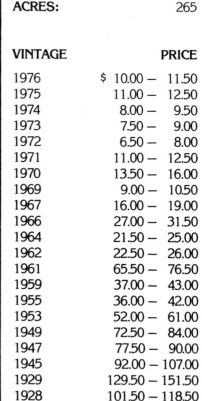

NAME:	Château La Lagune
ORIGIN:	Ludon (Médoc)
ACRES:	150

NAME:	Château Lascombes
ORIGIN:	Margaux (Médoc)
ACRES:	265

VINTAGE	PRICE	VINTAGE	PRICE
1976	$ 12.50 — 15.00	1976	$ 10.00 — 11.50
1975	13.00 — 15.50	1975	11.00 — 12.50
1974	7.00 — 8.50	1974	8.00 — 9.50
1973	9.50 — 11.00	1973	7.50 — 9.00
1972	5.50 — 6.50	1972	6.50 — 8.00
1971	13.50 — 16.00	1971	11.00 — 12.50
1970	19.00 — 22.00	1970	13.50 — 16.00
1969	11.00 — 12.50	1969	9.00 — 10.50
1967	17.00 — 20.00	1967	16.00 — 19.00
1966	28.00 — 32.50	1966	27.00 — 31.50
1964	23.50 — 27.50	1964	21.50 — 25.00
1962	41.00 — 47.50	1962	22.50 — 26.00
1961	56.00 — 65.00	1961	65.50 — 76.50
1959	40.50 — 47.00	1959	37.00 — 43.00
1955	40.50 — 47.00	1955	36.00 — 42.00
1953	46.00 — 53.50	1953	52.00 — 61.00
1949	70.00 — 82.00	1949	72.50 — 84.00
1947	77.50 — 90.50	1947	77.50 — 90.00
1945	90.00 — 105.00	1945	92.00 — 107.00
1929	110.00 — 128.00	1929	129.50 — 151.50
1928	97.00 — 113.50	1928	101.50 — 118.50

NAME: Château Margaux
ORIGIN: Margaux (Médoc)
ACRES: 165

VINTAGE		PRICE
1976	$ 31.50 —	37.50
1975	36.00 —	42.00
1974	22.50 —	26.00
1973	22.50 —	26.00
1972	13.50 —	16.00
1971	27.00 —	31.50
1970	38.00 —	44.00
1969	20.00 —	23.00
1967	36.00 —	42.00
1966	69.50 —	81.00
1964	55.00 —	64.00
1962	68.50 —	80.00
1961	166.50 —	194.00
1959	112.50 —	131.00
1957	72.00 —	84.00
1955	111.50 —	130.00
1953	135.00 —	157.50
1952	81.00 —	94.50
1949	171.00 —	199.50
1947	227.00 —	264.50
1945	259.00 —	302.50
1937	189.00 —	220.50
1934	117.00 —	136.50

(Ch. Margaux cont'd.)

1929	354.50 —	414.00
1928	306.00 —	357.00
1924	111.50 —	130.00
1923	159.50 —	186.00
1922	159.50 —	186.00
1921	104.50 —	122.00
1920	337.50 —	394.00
1918	166.50 —	194.00
1917	85.50 —	100.00
1911	124.00 —	145.00
1905	241.00 —	281.50
1900	810.00 —	945.00
1899	437.50 —	510.00
1897	732.50 —	854.50
1893	211.50 —	247.00
1881	1,002.50 —	1,170.00
1877	643.50 —	751.00

(Cont'd.)

NAME: Château Rausan-Ségla

ORIGIN: Margaux (Médoc)

ACRES: 100

NAME: Château Rauzan-Gassies

ORIGIN: Margaux (Médoc)

ACRES: 52

VINTAGE	PRICE	VINTAGE	PRICE
1976	$ 14.50 – 17.00	1976	$ 11.00 – 12.50
1975	16.00 – 19.00	1975	11.00 – 13.00
1974	8.00 – 9.50	1974	8.50 – 10.00
1973	9.00 – 10.50	1973	8.50 – 10.00
1972	8.00 – 9.50	1972	5.50 – 6.50
1971	16.00 – 19.00	1971	15.50 – 18.00
1970	16.50 – 19.50	1970	17.00 – 20.00
1969	8.50 – 10.00	1969	12.00 – 13.50
1967	19.00 – 22.00	1967	19.00 – 22.00
1966	27.00 – 31.50	1966	21.50 – 25.00
1964	23.50 – 27.50	1964	18.00 – 21.00
1962	31.50 – 37.00	1962	29.00 – 33.50
1961	55.50 – 65.00	1961	46.00 – 53.50
1959	38.00 – 44.50	1959	35.50 – 41.50
1955	37.00 – 43.00	1955	34.00 – 40.00
1953	53.00 – 62.00	1953	43.00 – 50.50
1949	76.50 – 89.00	1949	69.00 – 81.00
1947	86.50 – 101.00	1947	79.00 – 92.50
1945	108.50 – 126.50	1945	99.00 – 115.50
1929	161.00 – 188.00	1929	132.50 – 154.50
1928	124.00 – 145.00	1928	99.00 – 115.50

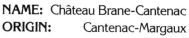

NAME:	Château Brane-Cantenac		NAME:		Château Kirwan
ORIGIN:	Cantenac-Margaux		ORIGIN:		Cantenac-Margaux
	(Médoc)				(Médoc)
ACRES:	288		ACRES:		58

VINTAGE	PRICE		VINTAGE	PRICE	
1976	$ 12.50 — 14.50		1976	$ 9.50 —	11.00
1975	13.50 — 16.00		1975	10.00 —	11.50
1974	10.00 — 11.50		1974	7.50 —	8.50
1973	10.00 — 11.50		1973	8.00 —	9.50
1972	8.00 — 9.50		1972	6.50 —	8.00
1971	13.50 — 16.00		1971	11.00 —	12.50
1970	18.00 — 21.00		1970	12.50 —	15.00
1969	11.00 — 12.50		1969	8.00 —	9.50
1967	20.00 — 23.00		1967	13.50 —	15.50
1966	22.50 — 26.50		1966	22.50 —	26.00
1964	21.00 — 24.00		1964	19.00 —	22.00
1962	22.50 — 26.50		1962	28.00 —	32.50
1961	57.00 — 66.00		1961	44.50 —	52.00
1959	35.00 — 41.00		1959	33.50 —	39.00
1955	36.00 — 42.00		1955	32.00 —	37.00
1953	61.00 — 71.50		1953	38.00 —	44.00
1949	71.00 — 83.00		1949	53.00 —	62.00
1947	83.00 — 96.50		1947	62.50 —	73.00
1945	108.00 — 126.00		1945	81.00 —	94.50
1929	143.00 — 167.00		1929	99.00 —	115.50
1928	121.00 — 142.00		1928	87.50 —	102.00

NAME:	Château Palmer
ORIGIN:	Cantenac-Margaux
	(Médoc)
ACRES:	100

VINTAGE	PRICE
1976	$ 13.50 — 16.00
1975	14.50 — 17.00
1974	12.00 — 14.00
1973	12.50 — 15.00
1972	8.00 — 9.50
1971	16.50 — 19.50
1970	16.00 — 19.00
1969	14.50 — 17.00
1967	16.00 — 19.00
1966	32.50 — 38.00
1964	29.00 — 33.50
1962	40.50 — 47.00
1961	126.00 — 147.00
1959	68.50 — 80.00
1955	67.50 — 79.50
1953	75.50 — 88.00
1949	83.00 — 96.50
1947	95.00 — 111.50
1945	120.50 — 141.00
1929	163.00 — 190.00
1928	140.00 — 163.00

NAME:	Château Prieuré-Lichine
ORIGIN:	Cantenac-Margaux
	(Médoc)
ACRES:	99

VINTAGE	PRICE
1976	$ 8.00 — 9.50
1975	9.50 — 11.00
1974	8.00 — 9.50
1973	8.00 — 9.50
1972	6.50 — 8.00
1971	11.00 — 12.50
1970	15.00 — 18.00
1969	10.00 — 11.50
1967	16.00 — 19.00
1966	27.00 — 31.50
1964	22.50 — 26.00
1962	31.50 — 37.00
1961	57.50 — 67.00
1959	35.00 — 41.00
1955	34.00 — 40.00
1953	40.50 — 47.00
1949	67.50 — 79.00
1947	72.00 — 84.00
1945	89.00 — 104.00
1929	137.00 — 159.50
1928	114.50 — 134.00

NAME:	Château Giscours	NAME:	Château Batailley
ORIGIN:	Labarde-Margaux	ORIGIN:	Pauillac (Médoc)
	(Médoc)	ACRES:	62
ACRES:	188		

VINTAGE	PRICE	VINTAGE	PRICE
1976	$ 13.50 − 15.00	1976	$ 12.50 − 15.00
1975	14.00 − 16.50	1975	13.50 − 16.00
1974	9.50 − 11.00	1974	8.50 − 10.00
1973	9.00 − 10.50	1973	8.50 − 10.00
1972	7.00 − 8.50	1972	8.50 − 10.00
1971	16.00 − 19.00	1971	13.50 − 16.00
1970	18.00 − 21.00	1970	14.00 − 17.50
1969	11.00 − 12.50	1969	10.00 − 11.50
1967	11.50 − 13.50	1967	16.00 − 19.00
1966	29.00 − 33.50	1966	25.50 − 29.50
1964	24.50 − 28.50	1964	20.00 − 23.00
1962	38.00 − 44.00	1962	29.00 − 33.50
1961	59.50 − 69.50	1961	46.00 − 52.50
1959	38.50 − 44.50	1959	34.00 − 40.00
1955	36.00 − 42.00	1955	34.00 − 40.00
1953	54.00 − 63.00	1953	39.50 − 46.00
1949	80.50 − 94.00	1949	57.00 − 66.00
1947	86.50 − 99.50	1947	70.00 − 82.00
1945	99.00 − 116.00	1945	86.50 − 101.00
1929	137.00 − 160.00	1929	124.00 − 145.00
1928	115.00 − 134.00	1928	99.00 − 116.00

NAME:	Château Clerc-Milon
ORIGIN:	Pauillac (Médoc)
ACRES:	62.5

VINTAGE	PRICE
1976	$ 12.50 — 14.50
1975	13.00 — 15.00
1974	11.00 — 12.50
1973	11.00 — 12.50
1972	7.00 — 8.50
1971	13.50 — 15.50
1970	16.00 — 19.00
1969	11.00 — 12.50
1967	13.50 — 15.50
1966	20.50 — 23.50
1964	18.00 — 21.00
1962	27.00 — 31.50
1961	39.50 — 46.00
1959	29.00 — 32.50

NAME:	Château Grand-Puy-Lacoste
ORIGIN:	Pauillac (Médoc)
ACRES:	20

VINTAGE	PRICE
1976	$ 11.00 — 13.00
1975	12.50 — 14.50
1974	9.50 — 11.00
1973	9.50 — 11.00
1972	6.50 — 8.00
1971	15.50 — 18.00
1970	16.00 — 19.00
1969	9.00 — 10.50
1967	15.50 — 18.00
1966	27.00 — 31.50
1964	20.00 — 23.00
1962	35.00 — 41.00
1961	46.00 — 53.50
1959	31.50 — 37.00
1955	31.50 — 37.00
1953	38.00 — 44.00
1947	64.50 — 75.50
1945	78.50 — 91.00
1929	124.00 — 145.00
1928	94.50 — 110.00

NAME: Château Lafite-Rothschild
ORIGIN: Pauillac (Médoc)
ACRES: 200

VINTAGE	PRICE	(Ch. Lafite-Rothschild cont'd.)
1976	$ 25.00 — 29.50	1929	472.00 — 551.00
1975	40.50 — 47.00	1928	453.00 — 529.00
1974	21.00 — 25.00	1924	336.00 — 392.00
1973	22.00 — 26.00	1923	131.00 — 153.00
1972	15.00 — 18.00	1922	131.00 — 153.00
1971	36.00 — 42.00	1916	170.00 — 199.00
1970	49.00 — 56.50	1912	233.00 — 272.00
1969	22.00 — 26.00	1904	315.00 — 368.00
1967	31.00 — 36.50	1900	1,198.00 — 1,399.00
1966	81.00 — 94.50	1898	386.00 — 451.00
1964	66.00 — 77.50	1893	268.00 — 312.00
1962	95.00 — 111.50	1890	234.00 — 273.00
1961	216.00 — 252.00	1888	330.00 — 386.00
1959	155.00 — 180.50	1887	945.00 — 1,103.00
1957	60.00 — 70.50	1883	875.00 — 1,022.00
1955	116.00 — 135.50	1877	897.00 — 1,047.00
1953	167.00 — 194.00	1874	1,093.00 — 1,276.00
1952	100.00 — 117.50	1872	1,271.00 — 1,484.00
1949	174.00 — 203.00	1870	828.00 — 966.00
1948	105.00 — 123.00	1868	3,237.00 — 4,155.00
1947	306.00 — 357.00	1848	4,050.00 — 4,725.00
1945	328.00 — 383.00	1832	4,587.00 — 5,352.00
1937	202.00 — 236.00	1806	25,000.00 — 29,500.00
	(Cont'd.)		

NAME: Château Latour
ORIGIN: Pauillac (Médoc)
ACRES: 147.5

VINTAGE	PRICE	(Ch. Latour cont'd.)	
1976	$ 23.50 – 27.50	1945	306.00 – 357.00
1975	31.50 – 37.00	1944	81.00 – 94.50
1974	16.00 – 19.00	1943	135.00 – 157.50
1973	24.50 – 28.50	1937	292.50 – 341.00
1972	13.50 – 16.00	1936	139.50 – 163.00
1971	31.50 – 37.00	1931	81.00 – 94.50
1970	40.50 – 47.00	1929	427.50 – 499.00
1969	25.00 – 29.50	1928	405.00 – 472.50
1967	34.00 – 41.00	1926	262.50 – 306.50
1966	63.00 – 73.50	1924	270.00 – 315.00
1964	54.00 – 63.00	1922	243.00 – 283.50
1962	72.00 – 84.00	1918	202.50 – 236.00
1961	162.00 – 189.00	1917	111.00 – 129.50
1960	58.50 – 68.50	1912	219.50 – 256.00
1959	121.50 – 142.00	1911	203.50 – 237.50
1957	61.00 – 71.50	1909	225.00 – 262.50
1955	105.50 – 123.00	1908	366.00 – 426.50
1953	144.00 – 168.50	1897	780.50 – 910.50
1952	94.50 – 110.00	1893	382.50 – 446.00
1950	78.00 – 91.50	1890	283.50 – 330.50
1949	168.50 – 196.50	1881	274.50 – 320.00
1948	95.50 – 111.50	1870	453.50 – 529.00
1947	238.50 – 278.00	1848	880.00 – 1,027.00
	(Cont'd.)		

NAME:	Château Lynch-Bages
ORIGIN:	Pauillac (Médoc)
ACRES:	175

VINTAGE		PRICE
1976	$ 13.00 −	15.00
1975	13.50 −	16.00
1974	9.00 −	10.50
1973	10.00 −	11.50
1972	7.50 −	9.00
1971	11.00 −	12.50
1970	18.00 −	21.00
1969	8.00 −	9.50
1967	14.50 −	17.00
1966	29.00 −	33.50
1964	23.50 −	27.50
1962	38.00 −	44.00
1961	65.00 −	75.50
1959	40.50 −	47.00
1955	38.50 −	45.00
1953	53.00 −	63.00
1949	80.00 −	93.50
1947	92.00 −	107.00
1945	126.00 −	147.00
1929	157.50 −	184.00
1928	130.50 −	152.00

NAME:	Château Mouton-Baron-Philippe
ORIGIN:	Pauillac (Médoc)
ACRES:	100

VINTAGE		PRICE
1976	$ 13.50 −	16.00
1975	14.50 −	17.00
1974	10.00 −	11.50
1973	9.00 −	10.50
1972	8.00 −	9.50
1971	14.50 −	17.00
1970	17.00 −	20.00
1969	11.00 −	12.50
1967	15.50 −	18.00
1966	25.00 −	29.50
1964	20.00 −	23.00
1962	30.50 −	35.50
1961	54.00 −	63.00
1959	36.00 −	42.00
1955	35.00 −	41.00
1953	44.00 −	51.50
1949	99.00 −	115.50
1947	90.00 −	105.00
1945	108.00 −	126.00
1929	141.50 −	165.50
1928	119.00 −	138.50
1922	143.00 −	167.00

NAME: Château Mouton-Rothschild

ORIGIN: Pauillac (Médoc)

ACRES: 175

VINTAGE	PRICE		
1976	$ 25.00 –	29.50	
1975	40.50 –	47.00	
1974	18.00 –	21.00	
1973	22.50 –	26.50	
1972	13.50 –	16.00	
1971	33.50 –	39.00	
1970	42.50 –	49.00	
1969	27.00 –	31.50	
1967	40.50 –	47.00	
1966	67.50 –	79.00	
1964	67.50 –	79.00	
1962	72.00 –	84.00	
1961	212.50 –	236.00	
1959	139.50 –	163.00	
1957	60.50 –	70.50	
1955	112.50 –	131.00	
1953	137.50 –	160.50	
1952	94.50 –	110.00	
1949	168.50 –	196.50	
1948	98.00 –	114.50	
1947	297.00 –	345.00	
1945	315.00 –	367.50	
1937	243.00 –	283.50	

(Cont'd.)

(Ch. Mouton-Rothschild cont'd.)

1934	135.00 –	157.50
1933	82.00 –	95.50
1929	331.00 –	386.50
1928	382.50 –	446.00
1924	252.00 –	294.00
1923	270.00 –	315.00
1920	140.50 –	154.00
1905	283.50 –	331.00
1899	900.00 –	1,050.00
1896	900.00 –	1,050.00
1893	488.00 –	569.00

NAME:	Château Pichon-Longueville-Baron		NAME:	Château Pichon-Lalande
ORIGIN:	Pauillac (Médoc)		ORIGIN:	Pauillac (Médoc)
ACRES:	55		ACRES:	150

VINTAGE	PRICE		VINTAGE	PRICE
1976	$ 10.00 — 11.50		1976	$ 9.50 — 11.00
1975	15.00 — 18.00		1975	15.50 — 18.00
1974	10.00 — 11.50		1974	11.00 — 12.50
1973	10.00 — 11.50		1973	11.00 — 12.50
1972	5.50 — 6.50		1972	8.00 — 9.50
1971	17.00 — 20.00		1971	15.50 — 18.00
1970	19.00 — 22.00		1970	20.00 — 23.00
1969	11.00 — 13.00		1969	11.00 — 12.50
1967	17.00 — 20.00		1967	16.00 — 19.00
1966	29.00 — 33.50		1966	27.00 — 31.50
1964	15.50 — 18.00		1964	22.50 — 26.00
1962	34.00 — 40.00		1962	38.00 — 44.00
1961	63.00 — 73.50		1961	65.00 — 75.50
1959	55.50 — 65.00		1959	54.00 — 63.00
1955	52.00 — 61.00		1955	52.00 — 61.00
1953	62.00 — 72.50		1953	61.00 — 71.50
1949	71.00 — 83.00		1949	126.00 — 147.00
1947	88.00 — 103.00		1947	90.00 — 105.00
1945	111.50 — 130.00		1945	121.50 — 142.00
1929	141.50 — 165.50		1929	150.50 — 175.50
1928	124.00 — 145.00		1928	124.00 — 145.00

NAME: Château Calon-Ségur
ORIGIN: Saint-Estèphe (Médoc)
ACRES: 175

NAME: Château Cos-d'Estournel
ORIGIN: Saint-Estèphe (Médoc)
ACRES: 150

VINTAGE	PRICE	VINTAGE	PRICE
1976	$ 12.00 — 14.00	1976	$ 11.50 — 13.50
1975	13.50 — 16.00	1975	12.00 — 14.00
1974	11.00 — 12.50	1974	9.50 — 11.00
1973	10.00 — 11.50	1973	10.00 — 11.50
1972	5.50 — 6.50	1972	7.00 — 8.50
1971	14.50 — 17.00	1971	16.00 — 19.00
1970	14.50 — 17.00	1970	16.00 — 19.00
1969	10.00 — 11.50	1969	11.50 — 13.00
1967	20.00 — 23.00	1967	13.50 — 16.00
1966	32.00 — 38.00	1966	23.50 — 27.50
1964	29.00 — 33.50	1964	22.50 — 26.00
1962	38.00 — 44.00	1962	29.00 — 33.50
1961	62.00 — 72.50	1961	56.50 — 66.00
1959	38.00 — 44.00	1959	43.00 — 50.50
1955	40.50 — 47.50	1955	42.50 — 49.50
1953	61.00 — 71.50	1953	52.00 — 61.00
1949	70.00 — 82.00	1949	80.00 — 93.50
1947	90.00 — 105.00	1947	99.00 — 115.50
1945	112.00 — 131.00	1945	126.00 — 147.00
1929	165.00 — 192.00	1929	157.50 — 184.00
1928	131.00 — 152.00	1928	135.00 — 157.50

NAME:	Château Montrose	NAME:	Château de Pez
ORIGIN:	Saint-Estèphe (Médoc)	ORIGIN:	Saint-Estèphe (Médoc)
ACRES:	120	ACRES:	100

VINTAGE	PRICE	VINTAGE	PRICE
1976	$ 12.50 — 15.00	1976	$ 9.00 — 10.50
1975	13.50 — 16.00	1975	10.50 — 12.00
1974	7.00 — 8.50	1974	9.50 — 11.00
1973	8.00 — 9.50	1973	9.50 — 11.00
1972	5.50 — 6.50	1972	6.50 — 8.00
1971	11.00 — 12.50	1971	11.00 — 13.00
1970	14.50 — 17.00	1970	13.50 — 16.00
1969	11.00 — 12.50	1969	8.50 — 10.00
1967	19.00 — 22.00	1967	12.50 — 15.00
1966	27.00 — 31.50	1966	23.50 — 27.00
1964	20.00 — 23.00	1964	18.00 — 21.00
1962	22.50 — 27.00	1962	21.50 — 25.00
1961	50.00 — 58.00	1961	44.00 — 51.50
1959	36.00 — 42.00	1959	31.50 — 37.00
1955	36.00 — 42.00	1955	30.50 — 36.00
1953	43.00 — 50.50	1953	37.00 — 43.00
1949	71.00 — 83.00	1949	58.50 — 68.00
1947	80.00 — 93.50	1947	65.00 — 75.50
1945	109.50 — 127.50	1945	74.00 — 86.00
1929	135.00 — 157.50	1929	99.00 — 115.50
1928	112.50 — 131.00	1928	81.00 — 94.50

NAME: Château Phélan-Ségur
ORIGIN: Saint-Estèphe (Médoc)
ACRES: 42

NAME: Château Beychevelle
ORIGIN: Saint-Julien (Médoc)
ACRES: 152

VINTAGE	PRICE		VINTAGE	PRICE	
1976	$ 9.00 —	10.50	1976	$ 12.50 —	14.50
1975	9.50 —	11.00	1975	13.50 —	16.00
1974	8.00 —	9.50	1974	8.50 —	9.50
1973	8.00 —	9.50	1973	10.00 —	11.50
1972	6.50 —	8.00	1972	10.00 —	11.50
1971	11.00 —	12.50	1971	19.00 —	22.00
1970	13.50 —	16.00	1970	28.00 —	32.50
1969	11.00 —	12.50	1969	13.50 —	16.00
1967	13.50 —	16.00	1967	23.00 —	27.50
1966	22.50 —	26.00	1966	34.00 —	40.00
1964	19.00 —	22.00	1964	33.00 —	39.00
1962	21.00 —	24.00	1962	38.00 —	44.00
1961	37.50 —	44.00	1961	64.00 —	74.50
1959	30.50 —	36.00	1959	52.00 —	61.00
1955	29.50 —	35.00	1955	61.00 —	71.50
1953	34.00 —	40.00	1953	52.00 —	61.00
1949	65.50 —	76.50	1949	72.00 —	84.50
1947	76.50 —	89.00	1947	84.00 —	97.50
1945	90.00 —	105.00	1945	99.00 —	115.50
1929	125.00 —	146.00	1929	143.00 —	167.00
1928	93.50 —	109.00	1928	124.00 —	145.00

NAME:	Château Branaire-Ducru
ORIGIN:	Saint-Julien (Médoc)
ACRES:	105

VINTAGE	PRICE
1976	$ 11.00 — 12.50
1975	11.50 — 13.50
1974	8.00 — 9.50
1973	10.00 — 11.50
1972	6.50 — 7.50
1971	11.50 — 13.50
1970	13.50 — 16.00
1969	9.00 — 10.50
1967	13.50 — 16.00
1966	27.00 — 31.50
1964	20.00 — 23.00
1962	38.00 — 44.00
1961	56.00 — 65.00
1959	48.00 — 55.50
1955	40.50 — 47.50
1953	52.00 — 61.00
1949	62.00 — 71.50
1947	65.00 — 75.50
1945	86.00 — 101.00
1929	108.00 — 126.00
1928	87.00 — 102.00

NAME:	Château Ducru-Beaucaillou
ORIGIN:	Saint-Julien (Médoc)
ACRES:	65

VINTAGE	PRICE
1976	$ 12.50 — 15.00
1975	14.50 — 17.00
1974	11.00 — 13.00
1973	11.00 — 13.00
1972	8.00 — 9.50
1971	20.00 — 23.00
1970	21.50 — 25.00
1969	9.50 — 11.00
1967	16.00 — 19.00
1966	24.50 — 28.50
1964	18.00 — 21.00
1962	30.50 — 35.50
1961	48.50 — 56.50
1959	35.00 — 41.00
1955	35.00 — 41.00
1953	63.00 — 73.50
1952	50.00 — 57.50
1949	60.00 — 69.00
1947	95.00 — 111.00
1945	124.00 — 145.00
1929	163.00 — 190.00
1928	140.00 — 162.50

NAME: Château Gloria	**NAME:** Château Gruaud-Larose
ORIGIN: Saint-Julien (Médoc)	**ORIGIN:** Saint-Julien (Médoc)
ACRES: 113.5	**ACRES:** 175

VINTAGE	PRICE	VINTAGE	PRICE
1976	$ 11.00 — 12.50	1976	$ 11.50 — 13.00
1975	11.50 — 13.00	1975	13.50 — 16.00
1974	9.00 — 10.50	1974	9.00 — 10.50
1973	10.00 — 11.50	1973	9.00 — 10.50
1972	6.50 — 8.00	1972	7.00 — 8.50
1971	13.50 — 16.00	1971	15.50 — 18.00
1970	15.00 — 17.50	1970	16.00 — 19.00
1969	9.00 — 10.50	1969	10.50 — 12.50
1967	13.50 — 16.00	1967	13.50 — 16.00
1966	16.00 — 19.00	1966	20.00 — 23.50
1964	14.00 — 16.50	1964	17.00 — 20.00
1962	20.00 — 23.00	1962	22.50 — 26.00
1961	45.00 — 52.50	1961	31.50 — 37.00
1959	36.00 — 42.00	1959	28.50 — 33.00
1955	34.50 — 40.50	1955	27.00 — 32.00
1953	43.00 — 50.50	1953	32.50 — 38.00
1949	63.00 — 73.50	1949	51.50 — 60.00
1947	73.50 — 86.00	1947	68.50 — 80.00
1945	83.50 — 98.00	1945	81.00 — 94.50
1929	125.00 — 146.00	1929	112.50 — 131.00
1928	91.00 — 106.00	1928	99.00 — 115.50
		1896	564.50 — 658.00
		1887	135.00 — 154.50
		1881	135.00 — 154.50
		1876	605.50 — 706.50

NAME:	Château Lagrange
ORIGIN:	Saint-Julien (Médoc)
ACRES:	137

NAME:	Château Langoa-Barton
ORIGIN:	Saint-Julien (Médoc)
ACRES:	42

VINTAGE	PRICE	VINTAGE	PRICE
1976	$ 8.00 — 9.50	1976	$ 9.00 — 10.50
1975	8.50 — 10.00	1975	9.50 — 11.00
1974	8.00 — 9.50	1974	7.00 — 8.50
1973	7.50 — 9.00	1973	9.50 — 11.00
1972	6.50 — 7.50	1972	5.00 — 6.00
1971	11.50 — 13.00	1971	10.50 — 12.50
1970	13.00 — 15.00	1970	14.00 — 16.50
1969	9.50 — 11.00	1969	10.00 — 11.50
1967	19.00 — 22.00	1967	13.50 — 15.50
1966	26.00 — 30.50	1966	24.50 — 28.50
1964	20.50 — 24.00	1964	20.00 — 23.00
1962	29.50 — 34.50	1962	27.00 — 31.50
1961	40.50 — 47.00	1961	47.00 — 54.50
1959	33.50 — 39.00	1959	35.00 — 41.00
1955	33.50 — 39.00	1955	35.00 — 41.00
1953	37.00 — 43.00	1953	41.50 — 48.50
1949	53.00 — 62.00	1949	65.00 — 75.50
1947	64.00 — 74.50	1947	73.00 — 85.00
1945	85.50 — 100.00	1945	86.50 — 101.00
1929	100.00 — 116.50	1929	123.50 — 144.00
1928	86.50 — 101.00	1928	101.00 — 117.50

NAME:	Château Léoville-Barton		**NAME:**	Château Léoville-Las-Cases
ORIGIN:	Saint-Julien (Médoc)		**ORIGIN:**	Saint-Julien (Médoc)
ACRES:	98		**ACRES:**	150

VINTAGE	PRICE		VINTAGE	PRICE
1976	$ 9.00 — 10.50		1976	$ 13.50 — 15.50
1975	10.50 — 12.00		1975	15.50 — 18.00
1974	9.00 — 10.50		1974	11.00 — 12.50
1973	11.00 — 12.50		1973	10.00 — 11.50
1972	6.50 — 8.00		1972	8.00 — 9.50
1971	11.00 — 12.50		1971	15.50 — 18.00
1970	14.50 — 17.00		1970	15.50 — 18.00
1969	10.00 — 11.50		1969	10.00 — 11.50
1967	18.00 — 21.00		1967	20.00 — 23.00
1966	30.50 — 36.00		1966	27.00 — 31.50
1964	27.00 — 31.50		1964	23.50 — 27.00
1962	28.00 — 32.50		1962	37.50 — 44.00
1961	62.00 — 72.50		1961	66.50 — 77.50
1959	37.50 — 44.00		1959	49.00 — 57.50
1955	37.00 — 43.00		1955	48.50 — 56.50
1953	47.00 — 55.00		1953	55.00 — 64.00
1949	74.00 — 86.50		1952	31.50 — 37.00
1947	84.50 — 99.00		1949	77.50 — 90.50
1945	96.50 — 112.50		1947	87.50 — 102.00
1929	132.50 — 154.00		1945	98.00 — 114.50
1928	103.50 — 120.50		1929	156.50 — 182.50
			1928	148.50 — 173.50

NAME:	Château Léoville-Poyferré	NAME:	Château Talbot
ORIGIN:	Saint-Julien (Médoc)	ORIGIN:	Saint-Julien (Médoc)
ACRES:	125	ACRES:	213

VINTAGE	PRICE	VINTAGE	PRICE
1976	$ 13.50 — 15.50	1976	$ 11.00 — 12.50
1975	15.50 — 18.00	1975	12.50 — 14.50
1974	9.00 — 10.50	1974	9.00 — 10.50
1973	9.00 — 10.50	1973	9.00 — 10.50
1972	5.50 — 6.50	1972	5.50 — 6.50
1971	8.00 — 9.50	1971	13.50 — 16.00
1970	13.50 — 15.50	1970	15.50 — 18.50
1969	10.50 — 12.50	1969	11.00 — 12.50
1967	20.00 — 23.00	1967	13.50 — 16.00
1966	27.00 — 31.50	1966	24.50 — 28.50
1964	24.50 — 28.50	1964	20.00 — 23.00
1962	36.00 — 42.00	1962	19.00 — 22.00
1961	57.50 — 67.00	1961	50.50 — 59.00
1959	40.50 — 47.00	1959	31.50 — 37.00
1955	40.50 — 47.00	1955	31.50 — 37.00
1953	49.50 — 58.00	1953	40.00 — 47.00
1949	73.00 — 85.00	1949	49.50 — 58.00
1947	83.00 — 96.50	1947	66.00 — 77.00
1945	109.00 — 127.00	1945	76.50 — 89.00
1929	136.00 — 158.50	1929	91.50 — 107.00
1928	114.50 — 134.00	1928	80.00 — 93.50

NAME:	Château l'Angélus		**NAME:**	Château Ausone
ORIGIN:	Saint-Emilion		**ORIGIN:**	Saint-Emilion
ACRES:	63		**ACRES:**	20

VINTAGE	PRICE		VINTAGE	PRICE
1976	$ 14.50 — 16.50		1976	$ 22.50 — 26.50
1975	15.50 — 18.00		1975	26.50 — 31.00
1974	11.00 — 13.00		1974	15.00 — 18.00
1973	11.00 — 13.00		1973	18.00 — 21.00
1972	10.00 — 11.50		1972	13.00 — 15.50
1971	20.00 — 23.00		1971	26.00 — 30.50
1970	20.00 — 23.00		1970	29.50 — 34.00
1969	13.50 — 16.00		1969	18.00 — 21.00
1967	25.00 — 29.50		1967	25.50 — 29.50
1966	27.00 — 31.50		1966	51.00 — 60.00
1964	21.50 — 25.00		1964	31.50 — 37.00
1962	22.50 — 26.00		1962	47.00 — 54.50
1961	40.50 — 47.00		1961	99.00 — 116.00
1959	34.00 — 40.00		1959	68.00 — 80.00
1955	32.50 — 38.00		1955	95.00 — 111.50
1953	47.00 — 54.50		1953	90.00 — 105.00
1949	62.00 — 72.50		1949	121.50 — 142.00
1947	67.50 — 78.50		1947	102.00 — 118.50
1945	88.00 — 103.00		1945	203.00 — 236.00
1929	137.00 — 159.50		1929	351.00 — 410.00
1928	91.00 — 106.00		1928	306.00 — 357.00
			1923	95.00 — 110.00
			1921	144.00 — 168.00
			1920	296.00 — 345.00

NAME:	Château Belair	NAME:	Château Canon
ORIGIN:	Saint-Emilion	ORIGIN:	Saint-Emilion
ACRES:	32	ACRES:	50

VINTAGE	PRICE	VINTAGE	PRICE
1976	$ 10.00 — 11.50	1976	$ 12.00 — 14.00
1975	10.50 — 12.50	1975	12.50 — 14.50
1974	8.00 — 9.50	1974	10.00 — 11.50
1973	8.50 — 10.00	1973	9.00 — 10.50
1972	7.50 — 8.50	1972	6.50 — 7.50
1971	10.00 — 11.50	1971	15.50 — 18.00
1970	11.50 — 13.00	1970	18.00 — 21.00
1969	9.00 — 11.00	1969	10.50 — 12.00
1967	13.50 — 16.00	1967	16.00 — 19.00
1966	17.50 — 20.50	1966	25.00 — 29.50
1964	14.50 — 17.00	1964	20.00 — 23.00
1962	25.00 — 29.50	1962	38.00 — 44.00
1961	40.50 — 47.00	1961	49.00 — 57.50
		1959	35.00 — 41.00
		1955	33.50 — 39.00
		1953	44.00 — 51.50
		1949	66.50 — 77.00
		1947	73.50 — 86.00
		1945	93.50 — 109.00
		1929	116.00 — 135.00
		1928	96.50 — 113.00

NAME:	Château Cheval Blanc
ORIGIN:	Saint-Emilion
ACRES:	87

VINTAGE	PRICE
1976	$ 22.50 — 26.50
1975	29.00 — 33.50
1974	16.00 — 19.00
1973	20.00 — 23.00
1972	13.50 — 16.00
1971	24.50 — 28.50
1970	38.50 — 45.00
1969	19.00 — 22.00
1967	27.00 — 31.50
1966	67.50 — 78.50
1964	67.50 — 78.50
1962	51.50 — 60.00
1961	138.50 — 162.00
1959	94.50 — 110.00
1957	49.50 — 58.00
1955	88.00 — 103.00
1953	68.00 — 79.00
1949	135.00 — 158.00
1947	207.00 — 241.50
1945	198.00 — 231.00
1937	270.00 — 315.00
1929	405.00 — 473.00
1928	360.00 — 420.00

NAME:	Château Clos Fourtet
ORIGIN:	Saint-Emilion
ACRES:	50

VINTAGE	PRICE
1976	$ 12.00 — 14.00
1975	13.00 — 15.00
1974	9.50 — 11.00
1973	9.00 — 10.50
1972	7.00 — 8.50
1971	12.50 — 14.50
1970	13.50 — 16.00
1969	11.00 — 12.50
1967	13.50 — 16.00
1966	22.00 — 26.00
1964	17.00 — 20.00
1962	27.00 — 31.50
1961	57.50 — 67.00
1959	37.00 — 43.00
1955	36.00 — 42.00
1953	49.50 — 58.00

NAME:	Château Figeac
ORIGIN:	Saint-Emilion
ACRES:	85

NAME:	Château La Gaffelière
	(was La Gaffelière-Naudes)
ORIGIN:	Saint-Emilion
ACRES:	50

VINTAGE	PRICE	VINTAGE	PRICE
1976	$ 12.50 — 14.50	1976	$ 14.50 — 17.00
1975	13.00 — 15.00	1975	15.50 — 18.00
1974	10.50 — 12.00	1974	12.50 — 14.50
1973	8.00 — 9.50	1973	9.50 — 11.00
1972	8.00 — 9.50	1972	9.00 — 10.50
1971	17.00 — 20.00	1971	20.00 — 23.00
1970	18.50 — 21.50	1970	18.00 — 21.00
1969	10.00 — 11.50	1969	11.00 — 12.50
1967	16.00 — 19.00	1967	17.00 — 20.00
1966	27.00 — 31.50	1966	28.00 — 32.50
1964	21.50 — 25.00	1964	23.50 — 27.50
1962	38.00 — 44.00	1962	38.00 — 44.00
1961	53.50 — 62.50	1961	57.00 — 67.00
1959	38.00 — 44.00	1959	33.50 — 39.00
1955	37.00 — 43.00	1955	33.50 — 39.00
1953	58.50 — 68.50	1953	47.00 — 54.50
1949	78.50 — 91.00	1949	72.00 — 84.00
1947	99.00 — 116.00	1947	80.00 — 93.00
1945	124.00 — 145.00	1945	92.00 — 108.00
1929	155.00 — 179.00	1929	118.00 — 138.00
1928	126.00 — 147.00	1928	90.00 — 105.00

NAME:	Château La Magdelaine	NAME:	Château Pavie
ORIGIN:	Saint-Emilion	ORIGIN:	Saint-Emilion
ACRES:	27	ACRES:	153

VINTAGE	PRICE	VINTAGE	PRICE
1976	$ 12.00 – 14.00	1976	$ 13.50 – 16.00
1975	12.50 – 15.00	1975	15.50 – 18.00
1974	11.50 – 13.50	1974	9.50 – 11.00
1973	11.00 – 13.00	1973	10.50 – 12.00
1972	8.50 – 10.00	1972	8.00 – 9.50
1971	15.50 – 18.00	1971	12.50 – 15.00
1970	18.00 – 21.00	1970	17.50 – 20.50
1969	10.50 – 12.00	1969	10.00 – 11.50
1967	16.00 – 19.00	1967	20.00 – 23.00
1966	25.00 – 29.50	1966	30.50 – 35.50
1964	20.00 – 23.00	1964	23.50 – 27.50
1962	36.00 – 42.00	1962	36.00 – 42.00
1961	49.50 – 58.00	1961	60.50 – 70.50
1959	33.50 – 39.00	1959	41.50 – 48.00
1955	33.50 – 39.00	1955	40.50 – 47.00
1953	43.00 – 50.50	1953	48.50 – 57.00
1949	56.50 – 66.00	1949	71.00 – 83.00
1947	72.00 – 84.00	1947	83.00 – 97.00
1945	91.00 – 106.00	1945	109.00 – 127.00
1929	113.50 – 132.50	1929	141.50 – 165.50
1928	94.50 – 110.00	1928	115.00 – 134.50

NAME:	Château Beauregard
ORIGIN:	Pomerol
ACRES:	32

VINTAGE	PRICE
1976	$ 14.00 — 16.00
1975	15.00 — 17.50
1974	11.00 — 12.50
1973	11.00 — 12.50
1972	9.00 — 10.50
1971	17.00 — 20.00
1970	18.00 — 21.00
1969	11.50 — 13.00
1967	17.00 — 20.00
1966	29.00 — 33.50
1964	25.00 — 29.50
1962	29.00 — 33.50
1961	49.50 — 57.50
1959	36.50 — 42.50
1955	34.50 — 40.50
1953	44.00 — 51.50
1949	63.00 — 73.50
1947	74.00 — 86.00
1945	88.00 — 103.00
1929	127.00 — 148.00
1928	99.00 — 116.00

NAME:	Château La Conseillante
ORIGIN:	Pomerol
ACRES:	28

VINTAGE	PRICE
1976	$ 12.50 — 15.00
1975	13.50 — 16.00
1974	10.50 — 12.00
1973	10.50 — 12.00
1972	12.50 — 15.00
1971	14.00 — 16.00
1970	18.00 — 21.00
1969	11.00 — 12.50
1967	19.50 — 23.00
1966	26.00 — 30.00
1964	22.50 — 26.00
1962	34.00 — 40.00
1961	62.00 — 72.50
1959	34.00 — 40.00
1955	67.50 — 78.50
1953	70.00 — 82.00
1949	76.50 — 89.00
1947	80.00 — 93.50
1945	94.50 — 110.00
1929	139.50 — 163.00
1928	117.00 — 136.50

NAME:	Château l'Evangile	NAME:	Château Le Gay
ORIGIN:	Pomerol	ORIGIN:	Pomerol
ACRES:	32	ACRES:	20

VINTAGE	PRICE	VINTAGE	PRICE
1976	$ 14.50 − 17.00	1976	$ 9.00 − 10.50
1975	15.00 − 17.50	1975	9.50 − 11.50
1974	11.00 − 13.00	1974	7.00 − 8.50
1973	11.00 − 13.00	1973	7.00 − 8.50
1972	9.00 − 10.50	1972	6.50 − 7.50
1971	16.00 − 19.00	1971	10.00 − 12.00
1970	17.00 − 20.00	1970	11.00 − 13.00
1969	11.00 − 13.00	1969	8.50 − 10.00
1967	17.00 − 20.00	1967	12.00 − 14.00
1966	27.00 − 31.50	1966	14.50 − 17.00
1964	25.00 − 29.00	1964	13.00 − 15.00
1962	31.50 − 37.00	1962	15.50 − 18.50
1961	57.50 − 67.00	1961	32.00 − 37.50
1959	38.50 − 44.50	1959	27.00 − 31.50
1955	37.00 − 43.00	1955	25.50 − 30.00
1953	52.00 − 60.50	1953	29.50 − 34.00
1949	74.00 − 86.00	1949	49.50 − 58.00
1947	91.00 − 106.00	1947	53.00 − 62.00
1945	122.50 − 143.00	1945	63.00 − 73.50
1929	173.00 − 202.00	1929	76.50 − 89.00
1928	130.50 − 152.00	1928	65.00 − 76.00

NAME:	Château Gazin	NAME: Château Latour à Pomerol
ORIGIN:	Pomerol	ORIGIN: Pomerol
ACRES:	62	ACRES: 22

VINTAGE	PRICE	VINTAGE	PRICE
1976	$ 12.00 — 13.50	1976	$ 9.00 — 10.50
1975	12.50 — 14.50	1975	10.50 — 12.00
1974	9.00 — 10.50	1974	9.00 — 10.50
1973	9.00 — 10.50	1973	9.00 — 10.50
1972	7.00 — 8.50	1972	6.50 — 7.50
1971	13.50 — 16.00	1971	11.00 — 13.00
1970	16.00 — 19.00	1970	11.00 — 13.00
1969	11.00 — 12.50	1969	9.00 — 10.50
1967	16.00 — 19.00	1967	13.50 — 16.00
1966	28.00 — 32.50	1966	16.00 — 19.00
1964	35.00 — 41.00	1964	14.50 — 17.00
1962	34.00 — 40.00	1962	17.00 — 20.00
1961	55.00 — 64.00	1961	35.00 — 41.00
1959	36.50 — 42.50	1959	29.50 — 34.50
1955	32.50 — 38.00	1955	28.00 — 32.50
1953	44.00 — 51.50	1953	31.50 — 36.50
1949	65.50 — 77.00	1949	53.00 — 62.00
1947	73.00 — 86.00	1947	58.50 — 68.50
1945	94.50 — 110.00	1945	68.50 — 80.00
1929	116.00 — 135.00	1929	87.50 — 102.00
1928	100.00 — 117.00	1928	70.00 — 82.00
1921	91.00 — 106.00		

NAME:	Château Nénin	NAME:	Château Pétrus
ORIGIN:	Pomerol	ORIGIN:	Pomerol
ACRES:	50	ACRES:	30

VINTAGE	PRICE	VINTAGE	PRICE
1976	$ 13.50 – 16.00	1976	$ 26.00 – 30.50
1975	15.50 – 18.00	1975	45.00 – 52.50
1974	13.00 – 15.50	1974	27.00 – 31.50
1973	13.00 – 15.50	1973	27.00 – 31.50
1972	9.00 – 10.50	1972	15.50 – 18.00
1971	20.00 – 23.00	1971	49.50 – 58.00
1970	22.50 – 26.00	1970	58.50 – 68.00
1969	15.50 – 18.00	1969	22.50 – 26.00
1967	20.00 – 23.00	1967	67.50 – 79.00
1966	29.00 – 33.50	1966	90.00 – 105.00
1964	22.50 – 26.00	1964	76.50 – 89.00
1962	26.00 – 30.50	1962	90.00 – 105.00
1961	41.50 – 48.50	1961	346.50 – 404.00
1959	34.00 – 40.00	1959	157.50 – 184.00
1955	33.50 – 39.00	1955	172.50 – 202.00
1953	38.50 – 45.00	1953	175.50 – 205.00
1949	63.00 – 73.50	1952	148.50 – 173.00
1947	70.50 – 82.50	1949	225.00 – 262.50
1945	85.50 – 100.00	1947	296.00 – 345.50
1929	125.00 – 146.00	1945	315.00 – 367.50
1928	99.00 – 115.50		

NAME:	Château Trotanoy	NAME:	Vieux-Château-Certan
ORIGIN:	Pomerol	ORIGIN:	Pomerol
ACRES:	22	ACRES:	35

VINTAGE	PRICE	VINTAGE	PRICE
1976	$ 15.50 — 18.00	1976	$ 12.50 — 15.00
1975	18.00 — 21.00	1975	14.00 — 16.50
1974	13.50 — 16.00	1974	11.00 — 12.50
1973	16.50 — 19.50	1973	11.00 — 12.50
1972	7.00 — 8.50	1972	9.00 — 10.50
1971	19.50 — 22.50	1971	12.50 — 15.00
1970	21.00 — 24.50	1970	13.50 — 16.00
1969	12.00 — 13.50	1969	11.00 — 12.50
1967	21.00 — 24.50	1967	20.00 — 23.00
1966	31.50 — 37.00	1966	29.50 — 34.00
1964	27.00 — 31.50	1964	20.50 — 23.50
1962	36.00 — 42.00	1962	27.00 — 31.50
1961	65.50 — 77.00	1961	56.50 — 66.00
1959	45.00 — 52.50	1959	38.50 — 45.00
1955	45.00 — 52.50	1955	36.00 — 42.00
1953	53.50 — 62.50	1953	49.00 — 57.00
1949	78.00 — 91.00	1949	80.00 — 93.50
1947	91.00 — 106.00	1947	94.00 — 109.00
1945	121.00 — 142.00	1945	116.00 — 135.00
1929	150.00 — 175.00	1929	141.00 — 165.00
1928	127.00 — 148.00	1928	124.00 — 145.00
1918	137.00 — 159.50		

NAME:	Domaine de Chevalier
ORIGIN:	Léognan (Graves)
ACRES:	50

NAME:	Château Haut-Bailly
ORIGIN:	Léognan (Graves)
ACRES:	37

VINTAGE	PRICE	VINTAGE	PRICE
1976	$ 16.50 — 19.50	1976	$ 13.50 — 15.50
1975	19.00 — 22.00	1975	14.00 — 16.00
1974	9.50 — 11.00	1974	11.00 — 13.00
1973	9.50 — 11.00	1973	11.00 — 13.00
1972	8.00 — 9.50	1972	9.00 — 10.50
1971	13.50 — 16.00	1971	14.50 — 17.00
1970	15.50 — 18.50	1970	20.00 — 23.00
1969	11.00 — 12.50	1969	10.50 — 12.50
1967	13.50 — 16.00	1967	18.00 — 21.00
1966	34.00 — 40.00	1966	27.00 — 31.50
1964	31.50 — 37.00	1964	19.00 — 22.00
1962	36.00 — 42.00	1962	20.00 — 23.00
1961	63.00 — 73.50	1961	51.50 — 59.00
1959	41.50 — 48.50	1959	35.00 — 41.00
1955	39.50 — 46.00	1955	34.00 — 39.00
1953	57.50 — 67.00	1953	39.50 — 46.00
1949	79.00 — 92.50	1949	57.00 — 67.00
1947	86.00 — 101.00	1947	66.50 — 78.00
1945	130.50 — 152.00	1945	85.50 — 100.00
1929	161.00 — 187.50	1929	95.50 — 111.00
1928	141.50 — 165.00	1928	88.00 — 103.00

NAME:	Château Malartic-Lagravière	NAME:	Château La Tour-Martillac
ORIGIN:	Léognan (Graves)	ORIGIN:	Martillac (Graves)
ACRES:	31.5	ACRES:	52

VINTAGE	PRICE	VINTAGE	PRICE
1976	$ 9.50 — 11.00	1976	$ 10.00 — 11.50
1975	10.50 — 12.00	1975	10.50 — 12.00
1974	9.00 — 10.50	1974	8.50 — 10.00
1973	9.00 — 10.50	1973	8.00 — 9.50
1972	8.00 — 9.50	1972	7.00 — 8.50
1971	10.00 — 11.50	1971	11.50 — 13.00
1970	13.50 — 15.50	1970	13.50 — 16.00
1969	9.50 — 11.00	1969	10.00 — 11.50
1967	16.00 — 19.00	1967	16.00 — 18.50
1966	26.00 — 30.50	1966	23.50 — 27.00
1964	20.00 — 23.00	1964	19.00 — 22.00
1962	27.00 — 31.50	1962	28.00 — 32.50
1961	47.00 — 54.50	1961	42.50 — 49.50
1959	33.50 — 39.00	1959	30.00 — 35.00
1955	32.50 — 38.00	1955	30.00 — 35.00
1953	38.50 — 45.00	1953	37.00 — 43.00
1949	61.00 — 71.50	1949	66.00 — 77.00
1947	76.50 — 89.00	1947	73.00 — 85.00
1945	85.50 — 100.00	1945	83.00 — 97.00
1929	99.00 — 115.50	1929	115.00 — 134.00
1928	87.50 — 102.00	1928	95.00 — 110.00

NAME: Château Haut-Brion
ORIGIN: Pessac (Graves)
ACRES: 105

VINTAGE	PRICE			
1976	$ 22.50 – 26.00		(Ch. Haut-Brion cont'd.)	
1975	30.50 – 35.50		1929	347.50 – 405.00
1974	22.50 – 26.00		1928	337.50 – 393.50
1973	24.50 – 28.50		1924	216.00 – 252.00
1972	13.50 – 15.50		1919	135.00 – 157.00
1971	31.50 – 37.00		1918	225.00 – 262.50
1970	33.50 – 39.50		1916	247.50 – 288.50
1969	18.00 – 21.00		1899	414.00 – 483.00
1967	28.00 – 32.50			
1966	58.50 – 68.00			
1964	31.50 – 37.00			
1962	53.00 – 62.00			
1961	138.50 – 161.50			
1959	109.00 – 127.00			
1957	43.00 – 50.50			
1955	94.50 – 110.00			
1953	112.50 – 131.00			
1952	70.00 – 82.00			
1949	171.00 – 199.50			
1948	92.50 – 108.00			
1947	137.50 – 160.50			
1945	232.00 – 271.00			
1934	126.00 – 147.00			

(Cont'd.)

NAME:	Château La Mission-Haut-Brion
ORIGIN:	Pessac (Graves)
ACRES:	46

VINTAGE	PRICE
1976	$ 18.00 — 21.00
1975	19.00 — 22.00
1974	15.50 — 18.50
1973	15.50 — 18.50
1972	10.00 — 11.50
1971	22.50 — 26.00
1970	24.00 — 29.50
1969	14.50 — 17.00
1967	24.00 — 29.50
1966	51.50 — 60.00
1964	35.00 — 41.00
1962	40.50 — 47.00
1961	126.00 — 147.00
1959	108.00 — 126.00
1955	71.00 — 81.00
1953	76.50 — 89.00
1949	77.50 — 90.00
1947	95.00 — 111.00
1945	124.00 — 145.00
1929	163.00 — 190.00
1928	140.00 — 163.00

NAME:	Château Pape-Clément
ORIGIN:	Pessac (Graves)
ACRES:	72.5

VINTAGE	PRICE
1976	$ 12.50 — 15.00
1975	13.00 — 15.50
1974	11.00 — 13.00
1973	11.00 — 13.00
1972	8.00 — 9.50
1971	13.50 — 16.00
1970	15.00 — 17.50
1969	9.50 — 11.00
1967	20.00 — 23.00
1966	27.00 — 31.50
1964	22.50 — 26.00
1962	37.50 — 44.00
1961	62.00 — 72.00
1959	41.50 — 48.00
1955	39.50 — 46.00
1953	56.00 — 65.00
1949	81.00 — 94.00
1947	99.00 — 115.50
1945	133.00 — 155.00
1929	180.00 — 210.00
1928	162.00 — 189.00

NAME:	Château Bouscaut	NAME:	Domaine de Chevalier
ORGIN:	Cadaujac (Graves)	ORGIN:	Léognan (Graves)
ACRES:	12.5	ACRES:	7.5

VINTAGE	PRICE	VINTAGE	PRICE
1976	$10.50 – 12.50	1976	$ 14.50 – 17.00
1975	10.50 – 12.50	1975	13.50 – 15.50
1974	9.00 – 10.50	1974	10.50 – 12.50
1973	9.00 – 10.50	1973	10.50 – 12.50
1972	6.00 – 7.00	1972	9.00 – 10.50
1971	10.50 – 12.50	1971	14.00 – 16.50
1970	12.00 – 14.00	1970	15.00 – 17.50
1969	11.50 – 13.50	1969	14.50 – 17.00
1967	13.00 – 15.00	1967	16.50 – 19.50
1966	15.00 – 18.00	1966	22.00 – 25.50
		1964	21.50 – 25.00
		1962	28.50 – 33.00
		1961	40.50 – 47.50

NAME:	Château Haut-Brion	NAME:	Château Laville-Haut-Brion
ORGIN:	Pessac (Graves)	ORGIN:	Talence (Graves)
ACRES:	7.5	ACRES:	10

VINTAGE	PRICE	VINTAGE	PRICE
1976	$25.00 − 29.50	1976	$14.00 − 16.50
1975	23.50 − 27.50	1975	13.50 − 15.50
1974	18.00 − 21.00	1974	10.50 − 12.50
1973	17.50 − 20.50	1973	9.50 − 11.50
1971	31.00 − 36.00	1972	8.50 − 10.00
1970	32.50 − 38.00	1971	14.50 − 17.00
1969	26.50 − 31.00	1970	15.00 − 17.50
1967	29.00 − 33.50	1969	14.00 − 16.50
1966	36.00 − 42.00	1967	15.50 − 18.50
1964	33.50 − 39.00	1966	20.00 − 23.00
1962	38.00 − 44.00	1964	20.00 − 23.00
1961	71.00 − 83.00		

NAME:	Château Climens
ORIGIN:	Barsac (Sauternes)
ACRES:	75

NAME:	Château Filhot
ORIGIN:	Sauternes
ACRES:	150

VINTAGE	PRICE
1976	$ 11.50 — 13.50
1975	13.50 — 15.50
1974	11.00 — 13.00
1973	11.00 — 13.00
1972	9.50 — 11.00
1971	13.50 — 15.50
1970	15.00 — 17.50
1969	14.00 — 16.50
1967	21.50 — 25.00
1966	20.00 — 23.00
1962	43.00 — 50.50
1961	64.50 — 75.50
1959	90.00 — 105.00
1953	99.00 — 115.50
1949	128.00 — 149.00
1947	112.50 — 131.00
1945	148.50 — 173.50
1929	261.00 — 304.50
1921	342.00 — 399.00

VINTAGE	PRICE
1976	$ 10.00 — 12.00
1975	10.50 — 12.50
1974	9.50 — 11.00
1973	9.50 — 11.00
1972	7.50 — 9.00
1971	11.00 — 13.00
1970	12.00 — 14.00
1969	11.00 — 13.00
1967	15.50 — 18.50
1966	14.00 — 16.00
1962	29.00 — 33.50
1961	41.50 — 48.50
1959	63.00 — 73.50
1953	72.00 — 84.00
1949	90.00 — 105.00
1947	81.00 — 94.50
1945	112.50 — 131.00
1929	189.00 — 220.50
1921	256.50 — 299.00

NAME:	Château Lafaurie-Peyraguey
ORIGIN:	Bommes (Sauternes)
ACRES:	45

VINTAGE	PRICE
1976	$ 11.00 — 13.00
1975	13.50 — 15.50
1974	10.50 — 12.50
1973	10.50 — 12.50
1972	9.00 — 10.50
1971	12.50 — 15.00
1970	14.50 — 17.00
1969	13.50 — 15.50
1967	20.50 — 24.50
1966	20.00 — 23.00
1962	40.50 — 47.50
1961	63.00 — 73.50
1959	90.00 — 105.00
1953	94.50 — 110.00
1949	121.50 — 141.50
1929	252.00 — 294.00
1921	337.50 — 394.00

NAME:	Château Rieussec
ORIGIN:	Fargues (Sauternes)
ACRES:	105

VINTAGE	PRICE
1976	$ 9.50 — 11.50
1975	12.00 — 14.00
1974	10.00 — 12.00
1973	10.00 — 12.00
1972	8.00 — 9.50
1971	12.50 — 14.50
1970	13.50 — 15.50
1969	12.50 — 14.50
1967	17.00 — 20.00
1966	15.00 — 18.00
1962	34.50 — 40.50
1961	47.50 — 55.00
1959	76.50 — 89.00
1953	85.50 — 100.00
1949	106.00 — 124.00
1947	90.00 — 105.00
1945	117.00 — 136.50
1929	225.00 -- 263.00
1921	279.00 — 325.50

NAME:	Château Suduiraut
ORIGIN:	Preignac (Sauternes)
ACRES:	150

VINTAGE	PRICE
1976	$ 11.00 — 13.00
1975	14.00 — 16.50
1974	10.50 — 12.50
1973	10.50 — 12.50
1972	9.00 — 10.50
1971	13.50 — 15.50
1970	15.00 — 17.50
1969	14.00 — 16.50
1967	21.00 — 24.50
1966	19.50 — 22.50
1962	41.50 — 48.50
1961	62.50 — 72.50
1959	85.50 — 100.00
1953	94.50 — 110.00
1949	117.00 — 136.50
1947	99.00 — 115.50
1945	135.00 — 157.50
1929	247.50 — 289.00
1921	324.00 — 378.00

NAME:	Château La Tour-Blanche
ORIGIN:	Bommes (Sauternes)
ACRES:	65

VINTAGE	PRICE
1976	$ 10.50 — 12.50
1975	11.00 — 13.00
1974	10.50 — 12.50
1973	10.50 — 12.50
1972	8.00 — 9.50
1971	12.50 — 14.50
1970	13.50 — 15.50
1969	13.00 — 15.00
1967	18.00 — 21.00
1966	16.50 — 19.50
1962	35.50 — 41.50
1961	51.00 — 59.50
1959	79.00 — 92.50
1953	90.00 — 105.00
1949	108.00 — 126.00
1947	94.50 — 110.00
1945	126.00 — 147.00
1929	234.00 — 273.00
1921	292.50 — 341.00

NAME: Château d'Yquem
ORIGIN: Sauternes
ACRES: 250

VINTAGE	PRICE
1976	$ 40.50 − 47.50
1975	42.50 − 50.00
1971	38.00 − 44.00
1970	40.50 − 47.50
1967	47.00 − 54.50
1966	44.00 − 51.50
1962	76.50 − 89.00
1961	166.50 − 194.00
1959	202.50 − 236.00
1958	45.00 − 52.50
1957	225.00 − 262.50
1955	90.00 − 105.00
1953	139.50 − 163.00
1949	174.00 − 203.00
1947	225.00 − 262.50
1945	225.00 − 262.50
1942	85.50 − 100.00
1938	405.00 − 472.50
1937	139.50 − 163.00
1929	337.50 − 394.00
1921	810.00 − 945.00
1914	945.00 − 1,103.00
1906	1,012.50 − 1,181.00
1851	1,350.00 − 1,575.00

CHAMPAGNE

Since the early 18th century, when a monk named Dom Perignon experimented with blending, virtually all Champagnes have been blends. Most superior Champagnes come from three large districts in the environs of Reims and Epernay, and though there are exceptions, the majority are blends of the wines of all three districts.

Many are blends both of the product of several vineyards and of various grape varieties. So-called classic Champagne is made primarily from Pinot Noir grapes (the great red-wine grape of Burgundy) with proportionately smaller amounts of the white Chardonnay; occasionally, Pinot Meunier, Meslier, and Arbanne grapes may also be used. Until recently wine drinkers preferred the classic blend, and many still praise its richness and body. Recently, however, demand has escalated (and prices have risen accordingly) for Blanc de Blancs, the lighter, drier Champagnes made solely from Chardonnay grapes.

A third type of blending involves intermixing the wines from several vintages. In the case of nonvintage Champagne, wines from different years, including declared vintages, are blended to maintain consistent "house" taste characteristics from year to year. To a lesser extent, vintage Champagnes, produced about once every three years, may also include small amounts of wine from a different year. This controlled, government regulated, blending allows producers to balance a sometimes heavy or alcoholic wine from an otherwise excellent harvest. Whether absolutely "pure" or not, vintage Champagnes are distinctive and can be excellent. The marketplace, in turn, reflects this quality with higher prices.

As to the value of older vintages, certainly some aging is necessary—French regulation prohibits selling of vintage Champagne before it has matured for at least three years. Beyond this, some wine lovers say that further improvement is minimal with age; others believe age adds character—and Europeans traditionally have esteemed older vintages. Still a third group maintains that maturing goes on only until *dégorgement*, the last removal of sediment before final corking, so that only a premium older vintage marked "RD," or "recently disgorged," is measurably better.

Selecting a good Champagne may seem complex, but practically speaking, the most reliable standard of value is the name of a reputable producer. The *tête de cuvée*, or best blend, of any producer listed in the following pages will assuredly prove to be an excellent wine. Prices for Champagne can never be low, given the expenses of the *méthode champenoise* required to make it, but relatively speaking, today's prices may be bargains.

PRODUCER:	Ayala & Co.	PRODUCER:	Bollinger
NAME:	Champagne Brut	NAME:	Champagne Brut

VINTAGE	PRICE	VINTAGE	PRICE
1973	$12.50 — 14.50	1973	$19.00 — 22.00
1971	12.50 — 14.50	1971	19.00 — 22.00
1970	12.50 — 14.50	1969	20.50 — 23.50
1969	14.00 — 16.00	1966	23.50 — 27.00
1966	16.00 — 18.00	1964	25.00 — 29.00
1964	17.00 — 19.00	1962	26.50 — 31.00
1962	17.50 — 20.00		
1961	18.50 — 21.50		
1959	20.50 — 23.50		
1955	24.00 — 27.50		
1953	27.00 — 31.50		

Blanc de Noirs
"Vieilles Vignes Françaises"

1973	52.00 — 60.50
1971	57.00 — 66.00
1969	61.50 — 71.50
1966	71.50 — 82.50

R.D.
(Recently Disgorged)

1971	28.50 — 33.00
1970	28.50 — 33.00

PRODUCER: Canard-Duchêne
NAME: Champagne Blanc de Blancs

PRODUCER: Charles Heidsieck
NAME: Champagne Brut

VINTAGE	PRICE
1973	$12.00 – 14.00
1971	12.00 – 14.00
1969	13.00 – 15.00
1966	14.50 – 17.00
1964	15.50 – 18.00
1962	16.00 – 18.50
1961	17.50 – 20.50

"Cuvée Charles VII"
Nonvintage	22.00 – 25.50

VINTAGE	PRICE
1973	$14.50 – 17.00
1971	14.50 – 17.00
1969	16.00 – 18.50
1966	18.00 – 21.00
1964	19.00 – 22.00
1962	20.50 – 23.50
1961	22.50 – 26.00

"Royal"
1973	23.50 – 27.00
1971	23.50 – 27.00
1969	28.00 – 32.50
1964	30.00 – 34.50
1962	31.50 – 36.50
1961	33.50 – 39.00

PRODUCER:	Krug
NAME:	Champagne Brut

PRODUCER:	Laurent Perrier
NAME:	Champagne Brut

VINTAGE	PRICE
1973	$33.00 — 38.50
1971	33.00 — 38.50
1969	33.00 — 38.50
1966	39.50 — 45.50
1964	41.00 — 47.50
1962	43.00 — 49.50
1961	45.00 — 52.00
1959	46.50 — 54.00
1955	49.00 — 56.50
1953	52.50 — 60.50

VINTAGE	PRICE
1973	$19.00 — 22.00
1971	19.00 — 22.00
1969	21.00 — 24.00
1966	23.50 — 27.50
1964	24.50 — 28.50
1962	25.50 — 29.50
1961	28.00 — 32.50
1959	28.50 — 33.00

"Cuvée Grand Siècle"

VINTAGE	PRICE
1973	33.00 — 38.00
1971	33.00 — 38.00
1970	33.00 — 38.00
1969	33.50 — 41.00
1966	40.00 — 46.00
1964	41.50 — 48.00
1962	42.50 — 49.50

PRODUCER:	Louis Roéderer
NAME:	Champagne Brut

PRODUCER:	Moët et Chandon
NAME:	Champagne "Cuvée Dom Pérignon"

VINTAGE	PRICE
1975	$17.50 — 20.50
1973	17.50 — 20.50
1971	17.50 — 20.50
1969	20.00 — 23.00
1967	21.50 — 24.50
1966	22.50 — 26.00
1964	23.50 — 27.00
1961	24.00 — 28.00
Brut "Cristal"	
1975	38.00 — 44.00
1974	38.00 — 44.00
1973	38.00 — 44.00
1971	40.50 — 47.00
1969	42.00 — 48.50
1967	43.50 — 50.50
1966	46.50 — 54.00

VINTAGE	PRICE
1973	$36.00 — 42.00
1971	36.00 — 42.00
1970	36.00 — 42.00
1969	40.00 — 46.00
1966	44.50 — 51.50
1964	46.50 — 54.00
1962	50.00 — 58.00
1961	53.00 — 61.50
1959	53.00 — 61.50
1955	62.00 — 71.50

PRODUCER:	G.H. Mumm & Co.
NAME:	Champagne Brut "Cordon Rouge"

VINTAGE	PRICE
1973	$20.00 – 23.00
1971	20.00 – 23.00
1969	22.50 – 26.00
1966	24.00 – 28.00
1964	25.50 – 29.50
1962	27.00 – 31.50
1961	28.00 – 32.50
1959	28.50 – 33.00
1955	33.50 – 38.50

"René Lalou"

VINTAGE	PRICE
1973	33.50 – 38.50
1971	33.50 – 38.50
1969	36.00 – 42.00
1966	40.50 – 47.00
1964	42.00 – 48.50

PRODUCER:	Perrier-Jouët
NAME:	Champagne Brut

VINTAGE	PRICE
1973	$17.00 – 20.00
1971	17.00 – 20.00
1969	19.00 – 22.00
1966	21.50 – 25.00
1964	21.50 – 25.00
1962	23.50 – 27.00
1961	24.00 – 28.00
1959	24.00 – 28.00
1955	27.50 – 32.00

Special Reserve
"Fleur de Champagne"

VINTAGE	PRICE
1973	35.00 – 40.50
1971	35.00 – 40.50
1969	38.00 – 44.00
1966	45.50 – 53.00
1964	47.50 – 55.00

PRODUCER:	Piper-Heidsieck	PRODUCER:	Pol Roger & Co.
NAME:	Champagne Brut	NAME:	Champagne Brut

VINTAGE	PRICE	VINTAGE	PRICE
1973	$19.00 — 22.00	1973	$14.50 — 17.00
1971	19.00 — 22.00	1971	14.50 — 17.00
1969	21.00 — 24.00	1969	16.00 — 18.50
1966	23.50 — 27.00	1966	18.00 — 21.00
1964	24.00 — 28.00	1964	19.00 — 22.00
1962	25.50 — 29.50	1962	21.00 — 24.00
1961	27.00 — 31.50	1961	22.50 — 26.00
1959	28.00 — 32.50		
		Blanc de Blancs	
Blanc de Blancs		1973	20.00 — 23.00
"Florens-Louis"		1971	20.00 — 23.00
1973	28.50 — 33.00	1969	22.00 — 25.50
1971	28.50 — 33.00	1966	24.00 — 28.00
1969	31.50 — 36.50	1964	25.50 — 29.50
1966	34.00 — 39.50	1962	27.50 — 32.00
1964	35.50 — 41.00	1961	28.50 — 33.00
1962	37.00 — 43.00		
1961	39.00 — 45.00		

PRODUCER: Pommery & Greno
NAME: Champagne Brut

VINTAGE	PRICE
1973	$13.50 — 15.50
1971	13.50 — 15.50
1969	14.50 — 17.00
1966	16.00 — 18.50
1964	17.00 — 20.00
1962	18.50 — 21.50
1961	20.00 — 23.00

Blanc de Blancs

1973	17.50 — 20.50
1971	17.50 — 20.50
1969	20.50 — 23.50
1966	23.00 — 26.50
1964	24.00 — 27.50
1962	25.50 — 29.50
1961	27.50 — 32.00

PRODUCER: Ruinart
NAME: Champagne Blanc de
                            Blancs
                 "Dom Ruinart"

VINTAGE	PRICE
1973	$18.00 — 21.00
1971	18.00 — 21.00
1969	20.50 — 23.50
1966	22.50 — 26.00
1964	23.50 — 27.00
1962	24.00 — 28.00
1961	25.50 — 29.50
1959	27.00 — 31.50
1955	32.00 — 37.00

| PRODUCER: | Taittinger | PRODUCER: | Veuve Clicquot Ponsardin |
| NAME: | Champagne Brut Réserve | NAME: | Champagne Brut "Gold Label" |

VINTAGE	PRICE	VINTAGE	PRICE
1973	$18.00 — 21.00	1973	$19.50 — 22.50
1971	18.00 — 21.00	1971	19.50 — 22.50
1969	20.50 — 23.50	1969	21.00 — 24.00
1966	22.50 — 26.00	1966	24.00 — 27.50
1964	23.50 — 27.00	1964	25.00 — 29.00
1962	24.00 — 28.00	1962	26.50 — 31.00
1961	26.50 — 31.00	1961	27.50 — 32.00
1959	18.50 — 21.50	1959	29.50 — 34.00
		1955	34.00 — 39.50

Blanc de Blancs
"Comtes de Champagne"

"La Grande Dame"

1973	38.00 — 44.00	1973	30.00 — 34.50
1971	38.00 — 44.00	1971	30.00 — 34.50
1969	42.00 — 48.50	1969	32.50 — 37.50
1966	46.00 — 53.50	1966	36.50 — 42.50
1964	47.50 — 55.00	1964	38.50 — 44.50
1962	50.00 — 58.00	1962	40.00 — 46.00
		1961	41.50 — 48.00

THE HEART OF BURGUNDY

THE REDS

Beaune	70
The Chambertins	73
The Cortons	81
Morey-St.Denis	86
The Musignys	89
Nuits-St.-Georges	93
Pommard	96
Volnay	98
Vosne-Romanée	99
Vougeot	105

THE WHITES

Beaune (Blanc)	108
Corton-Charlemagne	108
The Meursaults	112
The Montrachets	116
Musigny (Blanc)	127
Vougeot (Blanc)	127

Burgundy—a region, not a type of wine, as some labels would have us believe — produces some of the world's greatest, and most coveted wine. The Côte d'Or, or Golden Slope, district where Pinot Noir and Chardonnay grapes achieve their greatest fame, is known as the Heart of Burgundy. Yet exceptional wine from the Chablis, Beaujolais, and Mâconnais districts (treated separately) also enhance the grandeur of the region's name.

Sometimes identifying a particular Burgundian wine, however, is complicated, a result of the French Revolution when the vineyards were wrested from the Church and divided among many individual owners. To this day the vineyards of Burgundy, with few exceptions, are subdivided into many small plots — the great Clos-Vougeot, for example, is worked by approximately a hundred owners, many of whom own several holdings in separate vineyards. Burgundies are increasingly labeled *Mis au Domain* or *Mis en Bouteilles à la Propriété,* but obviously a "domaine" is not equivalent to a "château" in Bordeaux; such labeling simply means that the wine has been bottled by the grape grower. In many cases bottling takes place some distance from the vineyard, and it is usual practice to blend grapes from different plots of the same vineyard.

Because the domaine-bottled label is not an assurance of quality, the wines of Burgundy should be chosen by producer, or shipper *(negociant)*, as well as by name. You can be sure that by blending grapes from various growers in a great vineyard such as Chambertin, a reliable producer such as Louis Latour or Joseph Drouhin will market an excellent Chambertin every season. (In fact, it is said that a producer of great skill can produce a better wine from a lesser vineyard than a producer of fair skill from a great vineyard.)

The seemingly exorbitant price one must pay for the great growth wines of the Côte d'Or must be viewed in terms of the world-wide competition for the limited supply. The entire Burgundy region produces only three to five percent of the wines of France. Even in an abundant year, government controls limit the amount of wine that can be bottled, and labeled, from each controlled appellation.

The wines listed are believed to be from reliable, top-rate and honest producers. So expect no bargains. Yet with the great labels being virtually sold out year after year, who can say they are not worth the price?

PRODUCER:	Louis Jadot	PRODUCER:	Patriarche
NAME:	Beaune-Boucherottes		Père et Fils
		NAME:	Beaune "Cent Vignes"

VINTAGE	PRICE	VINTAGE	PRICE
1976	$13.50 − 15.50	1976	$18.00 − 21.00
1974	11.00 − 13.00	1974	16.00 − 19.00
1973	10.50 − 12.50	1973	17.50 − 20.50
1972	12.00 − 14.00	1972	20.00 − 23.00
1971	15.00 − 17.50	1971	22.50 − 26.50
1970	11.00 − 13.00	1970	17.50 − 20.50
1969	15.00 − 18.00	1969	24.50 − 28.50
1967	12.00 − 14.00	1967	18.00 − 21.00
1966	20.00 − 23.00	1966	30.50 − 35.50
1964	19.00 − 22.00	1964	29.00 − 33.50
1962	20.50 − 23.50	1962	31.00 − 36.00
1961	22.00 − 25.50	1961	34.00 − 40.00
1959	22.00 − 25.50	1959	34.00 − 40.00
1957	23.00 − 27.00	1957	34.50 − 40.50
1955	24.00 − 28.00	1955	37.00 − 43.00
1953	27.50 − 32.00	1953	44.00 − 51.50
1952	28.50 − 33.00	1952	44.00 − 51.50
1949	31.50 − 37.00	1949	49.50 − 58.00
		1947	49.50 − 58.00
		1945	55.50 − 64.50

PRODUCER:	Joseph Drouhin
NAME:	Beaune
	"Clos des Mouches"

VINTAGE	PRICE
1976	$13.50 — 15.50
1974	11.00 — 13.00
1973	10.00 — 12.00
1972	10.00 — 12.00
1971	15.00 — 17.50
1970	10.00 — 12.00
1969	15.50 — 18.50
1967	11.00 — 13.00
1966	19.00 — 22.00
1964	18.00 — 21.00
1962	20.50 — 23.50
1961	22.00 — 25.50
1959	22.00 — 25.50
1957	23.00 — 27.00
1955	24.00 — 28.00

PRODUCER:	Louis Jadot
NAME:	Beaune
	"Clos des Ursules"

VINTAGE	PRICE
1976	$15.00 — 18.00
1974	13.00 — 15.00
1973	13.00 — 15.00
1972	12.50 — 14.50
1971	16.00 — 19.00
1970	12.50 — 14.50
1969	17.00 — 20.00
1967	13.50 — 15.50
1966	21.50 — 25.00
1964	21.00 — 24.50
1962	22.50 — 26.50
1961	24.50 — 29.00
1959	24.50 — 29.00
1957	25.50 — 30.00
1955	25.50 — 30.00
1953	31.50 — 37.00
1952	32.00 — 37.50
1949	35.50 — 41.50

PRODUCER:	Joseph Drouhin	PRODUCER:	Louis Jadot
NAME:	Beaune-Grèves	NAME:	Beaune-Theurons

VINTAGE	PRICE	VINTAGE	PRICE
1976	$15.50 — 18.50	1976	$13.50 — 15.50
1974	12.50 — 14.50	1974	11.00 — 13.00
1973	11.50 — 13.50	1973	11.00 — 13.00
1972	12.50 — 14.50	1972	12.00 — 14.00
1971	16.50 — 19.50	1971	15.00 — 17.50
1970	13.00 — 15.00	1970	11.50 — 13.50
1969	17.50 — 20.50	1969	15.50 — 18.50
1967	13.50 — 15.50	1967	12.00 — 14.00
1966	21.00 — 24.50	1966	19.50 — 22.50
1964	20.50 — 23.50	1964	18.50 — 21.50
1962	22.00 — 25.50	1962	20.50 — 23.50
1961	23.50 — 27.50	1961	22.00 — 25.50
1959	24.00 — 28.00	1959	22.00 — 25.50
1957	25.00 — 29.50	1957	23.00 — 27.00
1955	26.00 — 30.50	1955	24.00 — 28.00
		1953	28.00 — 32.50
		1952	29.50 — 34.00

PRODUCER:	Louis Latour	**PRODUCER:**	Domaine Jacques Prieur	
NAME:	Beaune "Vignes Franches"	**NAME:**	Chambertin	

VINTAGE	PRICE	VINTAGE	PRICE
1976	$17.50 – 20.50	1976	$34.00 – 40.00
1973	12.00 – 14.00	1973	16.50 – 19.50
1972	12.00 – 14.00	1972	16.50 – 19.50
1971	20.00 – 23.00	1971	36.00 – 42.00
1970	12.50 – 14.50	1970	16.50 – 19.50
1969	21.50 – 25.00	1969	39.00 – 45.50
1967	13.50 – 15.50	1967	17.50 – 20.50
1966	27.00 – 31.50	1966	48.00 – 56.50
1964	25.50 – 30.00	1964	45.50 – 53.00
1962	28.50 – 33.00	1962	49.50 – 58.00
1961	31.00 – 36.00	1961	52.50 – 61.50
1959	31.00 – 36.00	1959	52.50 – 61.50
1957	32.50 – 38.00	1957	56.00 – 65.00
1955	33.00 – 38.50	1955	58.50 – 68.00
1953	39.00 – 45.50		

PRODUCER:	Louis Latour	PRODUCER:	Joseph Drouhin
NAME:	Chambertin	NAME:	Chambertin-Clos de Bêze

VINTAGE	PRICE	VINTAGE	PRICE
1976	$38.00 — 44.00	1976	$29.50 — 34.00
1973	29.50 — 34.00	1974	25.00 — 29.50
1972	28.50 — 33.00	1973	19.50 — 22.50
1971	40.50 — 47.50	1972	19.50 — 22.50
1970	29.00 — 33.50	1971	31.00 — 36.00
1969	43.50 — 51.00	1970	19.50 — 22.50
1967	29.50 — 34.00	1969	34.00 — 40.00
1966	55.50 — 64.50	1967	20.50 — 23.50
1964	53.00 — 62.00	1966	42.50 — 50.00
1962	57.00 — 65.00	1964	40.50 — 47.50
1961	61.00 — 71.00	1962	44.00 — 51.50
1959	61.50 — 71.50	1961	49.50 — 58.00
1957	63.00 — 73.50	1959	50.50 — 59.00
1955	65.00 — 76.00	1955	53.00 — 62.00
1953	76.50 — 89.00	1953	63.00 — 73.50
1952	79.00 — 92.50	1952	67.50 — 79.00
1949	85.00 — 100.00	1949	76.50 — 89.00
1947	85.00 — 100.00		
1945	99.00 — 115.50		

PRODUCER:	Joseph Faiveley
NAME: Chambertin-Clos de Bēze	

PRODUCER:	Leroy
NAME: Chambertin-Clos de Bēze	

VINTAGE	PRICE
1976	$29.50 − 34.00
1974	25.00 − 29.50
1973	16.00 − 19.00
1972	16.00 − 19.00
1971	30.50 − 35.50
1970	16.00 − 19.00
1969	34.00 − 40.00
1967	17.00 − 20.00
1966	42.00 − 49.50
1964	40.00 − 47.00
1962	43.50 − 51.00
1961	46.50 − 54.00
1959	46.50 − 54.00
1955	51.50 − 60.50
1952	63.00 − 73.50

VINTAGE	PRICE
1976	$ 45.00 − 52.50
1975	27.00 − 31.50
1974	31.50 − 37.00
1973	36.00 − 42.00
1972	45.00 − 52.50
1971	54.00 − 63.00
1970	33.50 − 39.00
1969	61.00 − 71.00
1967	35.00 − 41.00
1966	74.50 − 87.00
1964	71.00 − 83.00
1962	77.00 − 90.00
1961	81.00 − 94.50
1959	83.00 − 96.50
1957	88.00 − 102.50
1955	90.00 − 105.00
1953	108.00 − 126.00
1952	112.50 − 131.00
1949	120.50 − 140.50
1947	120.50 − 140.50
1945	144.00 − 168.00
1937	270.00 − 315.00

PRODUCER:	L. Trapet	PRODUCER:	Joseph Drouhin
NAME:	Chapelles-Chambertin	NAME:	Charmes-Chambertin

VINTAGE	PRICE	VINTAGE	PRICE
1976	$14.00 — 16.50	1976	$26.50 — 31.00
1974	9.50 — 11.00	1974	24.50 — 28.50
1973	9.00 — 10.50	1973	23.50 — 27.50
1972	9.50 — 11.00	1972	23.00 — 27.00
1971	15.00 — 17.50	1971	29.00 — 33.50
1970	8.50 — 10.00	1970	23.00 — 27.00
1969	16.00 — 19.00	1969	31.50 — 37.00
1967	9.50 — 11.00	1967	24.00 — 28.00
1966	19.50 — 22.50	1966	39.50 — 46.00
1964	18.00 — 21.00	1964	38.50 — 44.50
1962	20.50 — 23.50	1962	41.00 — 48.00
1961	22.50 — 26.50	1961	42.50 — 50.00
1959	22.50 — 26.50	1959	42.50 — 50.00
1955	31.50 — 37.00	1957	45.50 — 53.00
		1955	47.00 — 54.50
		1953	57.00 — 66.00
		1952	57.00 — 66.00
		1949	63.00 — 73.50
		1947	63.00 — 73.50

PRODUCER:	Prosper Maufoux	PRODUCER:	Henri de Villamont
NAME:	Charmes-Chambertin	NAME:	Gevrey-Chambertin "Clos du Chapitre"

VINTAGE	PRICE	VINTAGE	PRICE
1976	$17.50 — 20.50	1976	$17.00 — 20.00
1974	15.50 — 18.50	1974	14.50 — 17.00
1973	15.00 — 18.00	1973	14.00 — 16.50
1972	15.00 — 18.00	1972	14.00 — 16.50
1971	20.00 — 23.00	1971	19.00 — 22.00
1970	15.50 — 18.50	1970	14.50 — 17.00
1969	22.00 — 25.50	1969	21.00 — 24.50
1967	15.50 — 18.50	1967	15.00 — 18.00
1966	28.00 — 32.50	1966	27.00 — 31.50
1964	26.50 — 31.00	1964	25.00 — 29.50
1962	29.00 — 33.50	1962	29.00 — 33.50
1961	31.50 — 37.00	1961	31.50 — 37.00
1959	31.50 — 37.00	1959	31.50 — 37.00
		1955	36.00 — 42.00
		1953	44.00 — 51.50

PRODUCER:	Armand Rousseau
NAME:	Gevrey-Chambertin
	"Clos St. Jacques"

VINTAGE	PRICE
1976	$23.50 — 27.50
1974	16.50 — 19.50
1973	15.00 — 17.50
1972	18.00 — 21.00
1971	25.00 — 29.50
1970	18.00 — 21.00
1969	27.00 — 31.50
1967	18.00 — 21.00
1966	34.00 — 40.00
1964	33.00 — 38.50
1962	34.50 — 40.50
1961	38.00 — 44.00
1959	38.00 — 44.00
1955	40.50 — 47.50
1952	51.50 — 60.50

PRODUCER:	Domaine
	des Varoilles
NAME:	Gevrey-Chambertin
	"Clos des Varoilles"

VINTAGE	PRICE
1976	$18.00 — 21.00
1975	9.50 — 11.00
1974	11.00 — 13.00
1973	11.50 — 13.50
1972	11.00 — 13.00
1971	20.00 — 23.00
1970	11.50 — 13.50
1969	21.50 — 25.00
1967	12.50 — 14.50
1966	27.00 — 31.50
1964	25.50 — 30.00
1962	28.00 — 32.50
1961	31.00 — 36.00
1959	31.00 — 36.00
1957	32.50 — 38.00
1955	34.00 — 40.00
1953	39.50 — 46.00
1952	40.50 — 47.50
1949	49.50 — 58.00

PRODUCER:	Louis Jadot
NAME:	Gevrey-Chambertin
	"Les Combottes"

PRODUCER:	Thomas-Bassot
NAME:	Clos de la
	Griotte-Chambertin

VINTAGE	PRICE
1976	$15.00 — 18.00
1974	13.00 — 15.00
1973	13.00 — 15.00
1972	12.50 — 14.50
1971	16.50 — 19.50
1970	13.50 — 15.50
1969	18.00 — 21.00
1967	14.00 — 16.50
1966	22.50 — 26.50
1964	21.00 — 24.50
1962	24.00 — 28.00
1961	25.00 — 29.50
1959	25.00 — 29.50
1957	26.00 — 30.50
1955	27.00 — 31.50
1953	33.00 — 38.50
1952	33.00 — 38.50
1949	37.00 — 43.00
1947	37.00 — 43.00
1945	40.50 — 47.50

VINTAGE	PRICE
1976	$20.50 — 24.00
1974	16.00 — 19.00
1973	15.00 — 18.00
1972	15.50 — 18.50
1971	22.50 — 26.50
1970	15.50 — 18.50
1969	24.00 — 28.00
1967	16.00 — 19.00
1966	32.00 — 37.50
1964	30.50 — 35.50
1962	33.00 — 38.50
1961	36.00 — 42.00
1959	37.00 — 43.00
1957	38.50 — 44.50
1955	38.50 — 44.50
1953	46.50 — 54.00
1952	46.50 — 54.00
1949	53.50 — 62.50

PRODUCER:	Lupé-Cholet	PRODUCER:	Armand Rousseau
NAME:	Mazis-Chambertin	NAME:	Mazy-Chambertin

VINTAGE	PRICE	VINTAGE	PRICE
1976	$36.00 — 42.00	1976	$18.00 — 21.00
1975	22.50 — 26.50	1974	14.00 — 16.50
1974	22.50 — 26.50	1973	14.00 — 16.50
1973	27.00 — 31.50	1972	12.00 — 14.00
1972	22.50 — 26.50	1971	20.00 — 23.00
1971	45.00 — 52.50	1970	14.00 — 16.50
1970	27.00 — 31.50	1969	21.50 — 25.00
1969	49.50 — 58.00	1967	14.50 — 17.00
1967	31.50 — 37.00	1966	27.00 — 31.50
1966	61.50 — 71.50	1964	25.50 — 30.00
1964	58.50 — 68.00	1962	28.50 — 33.00
1962	63.00 — 73.50	1961	32.00 — 37.50
1961	68.50 — 80.00	1959	32.50 — 38.00
1959	69.50 — 81.00	1957	34.00 — 40.00
1957	70.50 — 82.50	1955	35.00 — 41.00
1955	72.00 — 84.00		
1953	85.00 — 100.00		
1952	87.50 — 102.00		
1949	97.00 — 113.50		
1947	98.00 — 114.50		
1945	110.50 — 128.50		

PRODUCER:	Thomas-Bassot
NAME:	Clos des Ruchottes-Chambertin

VINTAGE	PRICE
1976	$20.50 — 24.00
1974	16.00 — 19.00
1973	15.50 — 18.50
1972	15.50 — 18.50
1971	23.50 — 27.50
1970	15.50 — 18.50
1969	25.50 — 30.00
1967	16.00 — 19.00
1966	32.50 — 38.00
1964	31.00 — 36.00
1962	33.50 — 39.00
1961	35.50 — 41.50
1959	36.00 — 42.00
1957	37.50 — 43.50
1955	39.00 — 45.50
1953	46.50 — 54.00
1952	46.50 — 54.00

PRODUCER:	Patriarche Père et Fils
NAME:	Corton

VINTAGE	PRICE
1976	$20.00 — 23.00
1974	17.50 — 20.50
1973	19.50 — 22.50
1972	21.00 — 24.50
1971	27.00 — 31.50
1970	20.00 — 23.00
1969	29.00 — 33.50
1967	20.50 — 23.50
1966	36.00 — 42.00
1964	34.50 — 40.50
1962	37.50 — 43.50
1961	40.00 — 47.00
1959	40.00 — 47.00
1957	41.00 — 48.00
1955	43.50 — 51.00
1953	52.00 — 61.00
1952	52.00 — 61.00
1949	58.50 — 68.00
1947	58.50 — 68.00
1945	67.50 — 79.00

PRODUCER:	Prosper Maufoux
NAME:	Corton

PRODUCER:	Prince de Merode
NAME:	Corton-Bressandes

VINTAGE	PRICE	VINTAGE	PRICE
1976	$21.00 − 24.50	1976	$16.00 − 19.00
1974	16.00 − 19.00	1974	13.00 − 15.00
1973	14.50 − 17.00	1973	14.00 − 16.50
1972	15.00 − 17.50	1972	14.50 − 17.00
1971	22.50 − 26.50	1971	21.50 − 25.00
1970	15.00 − 17.50	1970	14.00 − 16.50
1969	25.00 − 29.50	1969	23.50 − 27.50
1967	15.00 − 17.50	1967	15.00 − 17.50
1966	31.50 − 37.00	1966	29.50 − 34.00
1964	30.50 − 35.50	1964	28.00 − 32.50
1962	33.00 − 38.50	1962	30.50 − 35.00
1961	35.00 − 41.00	1961	32.50 − 38.00
1959	35.00 − 41.00	1959	32.50 − 38.00
1955	39.50 − 46.00	1955	35.00 − 41.00
1953	47.00 − 54.50	1953	42.50 − 50.00
1952	47.00 − 54.50	1952	44.00 − 51.50
1949	52.50 − 61.50	1949	47.50 − 55.00
		1947	47.50 − 55.00

PRODUCER:	Joseph Faiveley
NAME:	Corton Clos des Corton

VINTAGE	PRICE
1976	$29.50 — 34.00
1974	24.50 — 29.00
1973	21.50 — 25.00
1972	17.00 — 20.00
1971	30.50 — 35.50
1970	17.00 — 20.00
1969	33.00 — 38.50
1967	18.00 — 21.00
1966	40.50 — 47.50
1964	38.50 — 44.50
1962	42.50 — 50.00
1961	46.50 — 54.00
1959	46.50 — 54.00
1955	50.50 — 59.00

PRODUCER:	Moillard
NAME:	Corton Clos du Roi

VINTAGE	PRICE
1976	$18.00 — 21.00
1974	16.00 — 19.00
1973	16.00 — 19.00
1972	17.00 — 20.00
1971	20.00 — 23.00
1970	17.00 — 20.00
1969	21.50 — 25.00
1967	18.00 — 21.00
1966	27.00 — 31.50
1964	25.00 — 29.50
1962	28.50 — 33.00
1961	31.00 — 36.00
1959	31.00 — 36.00

PRODUCER:	Louis Latour
NAME:	Corton Clos de la Vigne au Saint

VINTAGE	PRICE
1976	$24.50 − 28.50
1973	15.50 − 18.50
1972	20.00 − 23.00
1971	24.50 − 28.50
1970	15.50 − 18.50
1969	26.00 − 31.00
1967	17.50 − 20.50
1966	33.50 − 39.00
1964	22.50 − 26.50
1962	34.50 − 40.50
1961	37.50 − 43.50
1959	37.50 − 43.50
1955	41.50 − 48.50
1953	49.50 − 58.00
1952	51.50 − 60.00
1949	56.00 − 65.00
1947	56.00 − 65.00

PRODUCER:	Louis Latour
NAME:	Château Corton Grancey

VINTAGE	PRICE
1976	$26.00 − 30.50
1973	18.00 − 21.00
1972	15.00 − 18.00
1971	26.50 − 31.00
1970	15.50 − 18.50
1969	29.50 − 34.00
1967	17.00 − 20.00
1966	37.00 − 43.00
1964	36.00 − 42.00
1962	39.00 − 45.50
1961	41.50 − 48.50
1959	42.00 − 49.00
1955	46.50 − 54.00
1953	52.50 − 61.50
1952	52.50 − 61.50
1949	58.50 − 68.00

PRODUCER:	Louis Jadot
NAME:	Corton-Pougets

VINTAGE	PRICE
1976	$18.00 − 21.00
1974	15.50 − 18.50
1973	15.50 − 18.50
1972	16.50 − 19.50
1971	19.50 − 22.50
1970	15.50 − 18.50
1969	21.50 − 25.00
1967	16.50 − 19.50
1966	27.00 − 31.50
1964	25.50 − 30.00
1962	28.50 − 33.00
1961	31.50 − 37.00
1959	31.50 − 37.00
1955	34.50 − 40.50
1953	40.50 − 47.50
1949	44.00 − 51.50

PRODUCER:	Prince de Merode
NAME:	Corton-Renardes

VINTAGE	PRICE
1976	$16.00 − 19.00
1974	13.00 − 15.00
1973	14.00 − 16.50
1972	14.50 − 17.00
1971	21.50 − 25.00
1970	14.00 − 16.50
1969	23.50 − 27.50
1967	15.00 − 17.50
1966	29.50 − 34.00
1964	28.00 − 32.50
1962	30.50 − 35.00
1961	32.50 − 38.00
1959	32.50 − 38.00
1957	34.00 − 40.00
1955	35.00 − 41.00
1952	44.00 − 51.50
1949	47.50 − 55.00

PRODUCER:	Domaine Dujac	PRODUCER:	Joseph Drouhin
NAME:	Clos la Roche	NAME:	Clos de la Roche
			Morey-St. Denis

VINTAGE	PRICE	VINTAGE	PRICE
1976	$25.00 − 29.50	1976	$28.00 − 32.50
1975	13.00 − 15.00	1974	22.00 − 25.50
1974	17.50 − 20.50	1973	20.50 − 23.50
1973	17.50 − 20.50	1972	20.50 − 23.50
1972	18.00 − 21.00	1971	29.50 − 34.00
1971	22.50 − 26.50	1970	20.50 − 23.50
1970	18.00 − 21.00	1969	31.50 − 37.00
1969	25.50 − 30.00	1967	21.00 − 24.50
1967	19.50 − 22.00	1966	38.50 − 44.50
		1964	36.00 − 42.00
		1962	39.50 − 46.00
		1961	44.00 − 51.50
		1959	44.00 − 51.50
		1955	49.50 − 58.00
		1953	58.50 − 68.00
		1952	58.50 − 68.00
		1949	65.00 − 76.00

| PRODUCER: | Domaine Dujac |
| NAME: | Clos Saint-Denis |

VINTAGE	PRICE
1976	$22.00 — 25.50
1974	15.00 — 18.00
1973	16.00 — 19.00
1972	16.50 — 19.50
1971	21.50 — 25.00
1970	15.50 — 18.50
1969	24.50 — 28.50
1967	16.00 — 19.00

| PRODUCER: | J. Mommessin |
| NAME: | Clos de Tart |

VINTAGE	PRICE
1976	$23.50 — 27.50
1974	15.00 — 17.50
1973	15.00 — 17.50
1972	15.50 — 18.50
1971	25.00 — 29.50
1970	15.00 — 17.50
1969	26.50 — 31.00
1967	15.50 — 18.50
1966	33.50 — 39.00
1964	31.00 — 36.00
1962	34.50 — 40.50
1961	39.50 — 45.50
1959	39.50 — 45.50
1955	42.50 — 50.00
1953	49.50 — 58.00
1952	51.50 — 60.50
1949	60.00 — 70.00
1947	61.00 — 71.00
1945	70.50 — 82.50

PRODUCER:	Domaine Comte Georges de Vogüé
NAME:	Bonnes-Mares

VINTAGE	PRICE
1976	$34.50 — 40.50
1974	24.50 — 29.00
1973	24.50 — 29.00
1972	34.00 — 40.00
1971	36.50 — 42.50
1970	25.00 — 29.50
1969	40.50 — 47.50
1967	26.00 — 30.50
1966	50.50 — 59.00
1964	48.50 — 57.00
1962	52.50 — 61.50
1961	56.50 — 65.50
1959	56.50 — 65.50
1957	60.50 — 70.50
1955	61.00 — 71.00
1953	73.00 — 85.00
1952	75.00 — 87.50
1949	81.00 — 94.50
1947	81.00 — 94.50
1945	94.50 — 110.50

PRODUCER:	Domaine Dujac
NAME:	Bonnes-Mares

VINTAGE	PRICE
1976	$27.50 — 32.00
1974	20.50 — 24.00
1973	21.00 — 24.50
1972	21.50 — 25.00
1971	29.00 — 33.50
1970	20.00 — 23.50
1969	31.50 — 36.50

PRODUCER:	Louis Latour	PRODUCER:	Domaine Comte
NAME:	Bonnes-Mares		Georges de Vogüé
		NAME:	Musigny

VINTAGE	PRICE	VINTAGE	PRICE
1976	$30.50 – 35.50	1976	$45.00 – 52.50
1973	24.50 – 29.00	1973	34.50 – 40.50
1972	23.50 – 27.50	1972	34.00 – 40.00
1971	32.50 – 38.00	1971	43.00 – 50.50
1970	24.50 – 29.00	1970	32.50 – 38.00
1969	36.00 – 42.00	1969	47.50 – 55.00
1967	25.00 – 29.50	1967	34.00 – 40.00
1966	45.00 – 52.50	1966	60.50 – 70.50
1964	42.50 – 50.00	1964	58.50 – 68.00
1962	47.50 – 55.00	1962	63.00 – 73.50
1961	49.50 – 58.00	1961	67.50 – 79.00
1959	49.50 – 58.00	1959	67.50 – 79.00
1957	52.50 – 61.50	1957	70.50 – 82.50
1955	54.00 – 63.00	1955	72.00 – 84.00
1953	65.00 – 76.00	1953	85.50 –100.00
1952	67.50 – 79.00	1952	88.00 –103.00
1949	74.00 – 86.50	1949	94.50 –110.00
1947	74.00 – 86.50	1947	94.50 –110.00
1945	85.50 – 99.50	1945	112.50 –131.00
		1937	135.00 –157.50

PRODUCER:	Domaine Jacques Prieur	PRODUCER:	Patriarche Père et Fils
NAME:	Musigny	NAME:	Musigny

VINTAGE	PRICE	VINTAGE	PRICE
1976	$29.50 – 34.00	1976	$30.50 – 35.50
1973	20.50 – 23.50	1974	23.00 – 27.00
1972	20.50 – 23.50	1973	25.00 – 29.50
1971	32.00 – 37.50	1972	27.00 – 31.50
1970	20.50 – 23.50	1971	34.00 – 40.00
1969	34.00 – 40.00	1970	25.00 – 29.50
1967	21.00 – 24.50	1969	38.50 – 44.50
1966	42.00 – 49.00	1967	26.00 – 30.50
1964	40.50 – 47.50	1966	48.00 – 56.50
1962	43.00 – 50.50	1964	47.00 – 54.50
1961	46.00 – 53.50	1962	49.50 – 58.00
1959	46.00 – 53.50	1961	52.50 – 61.50
1957	48.00 – 56.50	1959	52.50 – 61.50
1955	51.50 – 60.00	1957	54.00 – 63.00
1953	61.00 – 71.00	1955	57.50 – 67.00
1952	61.00 – 71.00	1953	70.00 – 81.50
1949	67.50 – 79.00	1952	70.00 – 81.50
		1949	77.00 – 90.00
		1947	77.00 – 90.00
		1945	86.50 – 101.00

| PRODUCER: | Prosper Maufoux |
| NAME: | Musigny |

VINTAGE	PRICE
1976	$33.50 — 39.00
1974	30.50 — 35.50
1973	30.00 — 34.50
1972	30.50 — 35.50
1971	36.00 — 42.00
1970	30.50 — 35.50
1969	38.50 — 44.50
1967	31.00 — 36.00
1966	47.50 — 55.00
1964	44.00 — 51.50
1962	47.50 — 55.00
1961	51.50 — 60.50
1959	51.50 — 60.50

| PRODUCER: | Domaine Comte Georges de Vogüé |
| NAME: | Chambolle-Musigny "Les Amoureuses" |

VINTAGE	PRICE
1976	$34.50 — 40.50
1975	22.50 — 26.50
1974	22.50 — 26.50
1973	22.50 — 26.50
1972	31.50 — 37.00
1971	37.00 — 43.00
1970	22.50 — 26.50
1969	40.50 — 47.50
1967	22.00 — 25.50
1966	51.50 — 60.00
1964	50.00 — 59.50
1962	52.50 — 61.50
1961	58.50 — 68.00
1959	58.50 — 68.00
1957	61.00 — 71.00
1955	62.00 — 72.00
1953	73.00 — 85.00
1952	75.00 — 87.50
1949	77.00 — 90.00
1947	78.50 — 91.50
1945	92.00 — 107.50

PRODUCER:	Prosper Maufoux	PRODUCER:	Patriarche
			Père et Fils
NAME:	Chambolle-Musigny	NAME:	Chambolle-Musigny
	"Les Amoureuses"		"Les Charmes"

VINTAGE	PRICE	VINTAGE	PRICE
1976	$28.00 − 32.50	1976	$19.00 − 22.00
1974	21.00 − 24.50	1974	17.00 − 20.00
1973	20.50 − 23.50	1973	18.50 − 21.50
1972	25.50 − 30.00	1972	20.50 − 23.50
1971	30.50 − 35.50	1971	25.00 − 29.50
1970	20.50 − 23.50	1970	18.50 − 21.50
1969	34.00 − 40.00	1969	27.50 − 32.00
1967	22.50 − 26.50	1967	20.00 − 23.00
1966	41.50 − 48.50	1966	34.00 − 40.00
1964	40.00 − 47.00	1964	32.50 − 38.00
1962	42.00 − 49.50	1962	34.50 − 40.50
1961	47.00 − 54.50	1961	37.00 − 43.00
1959	47.00 − 54.50	1959	37.00 − 43.00
1957	49.50 − 58.00	1957	39.00 − 45.00
1955	51.50 − 60.00	1955	40.50 − 47.50
		1953	50.00 − 58.50
		1952	50.00 − 58.50
		1949	56.00 − 65.00
		1947	56.00 − 65.00
		1945	63.00 − 73.50

PRODUCER:	Lupé-Cholet	PRODUCER:	Joseph Faiveley
NAME:	Nuits-St.-Georges "Château Gris"	NAME:	Nuits-St.-Georges "Clos de la Maréchale"

VINTAGE	PRICE	VINTAGE	PRICE
1976	$20.50 − 23.50	1976	$14.50 − 17.00
1975	14.50 − 17.00	1974	16.50 − 19.50
1974	16.00 − 19.00	1973	11.50 − 13.50
1973	16.00 − 19.00	1972	10.50 − 12.50
1972	18.00 − 21.00	1971	15.00 − 17.50
1971	34.00 − 40.00	1970	11.50 − 13.50
1970	18.00 − 21.00	1969	15.50 − 18.50
1969	36.00 − 42.00	1967	12.00 − 14.00
1967	19.00 − 22.00	1966	19.00 − 22.00
1966	45.00 − 52.50	1964	18.00 − 21.00
1964	42.50 − 50.00	1962	20.50 − 23.50
1962	46.50 − 54.00	1961	22.50 − 26.50
1961	49.00 − 57.50	1959	22.50 − 26.50
1959	49.00 − 57.50	1955	25.00 − 29.50
1957	50.50 − 59.00	1952	29.50 − 34.00
1955	54.00 − 63.00		
1953	64.50 − 75.50		
1952	65.00 − 76.00		
1949	72.00 − 84.00		
1947	72.00 − 84.00		
1945	84.50 − 98.50		

PRODUCER: Domaine Henri
                           Gouges
NAME: Nuits-St.-Georges "Clos
          des Porrets-St.-Georges"

PRODUCER: Marchard
                              de Gramont
NAME: Nuits-St.-Georges
                              "Damodes"

VINTAGE	PRICE	VINTAGE	PRICE
1976	$14.50 — 17.00	1976	$14.00 — 16.50
1974	13.00 — 15.00	1974	11.00 — 13.00
1973	11.50 — 13.50	1973	12.00 — 14.00
1972	13.50 — 15.50	1972	11.50 — 13.50
1971	15.50 — 18.50	1971	15.00 — 18.00
1970	12.00 — 14.00	1970	12.00 — 14.00
1969	16.00 — 19.00	1969	16.50 — 19.50
1967	13.00 — 15.00	1967	12.50 — 14.50
1966	21.00 — 24.50	1966	21.00 — 24.50
1964	20.00 — 23.00	1964	20.50 — 23.50
1962	21.50 — 25.00	1962	21.50 — 25.00
1961	23.00 — 27.00	1961	24.00 — 28.00
1959	23.50 — 27.50	1959	25.50 — 30.00
1957	24.50 — 28.50		
1955	25.50 — 30.00		

PRODUCER:	Marchard de Gramont	PRODUCER:	Domaine Henri Gouges
NAME:	Nuits-St.-Georges "Hauts-Pruliers"	NAME:	Nuits-St.-Georges "Les St.-Georges"

VINTAGE	PRICE	VINTAGE	PRICE
1976	$15.00 — 17.50	1976	$15.00 — 18.00
1974	12.00 — 14.00	1974	13.50 — 15.50
1973	12.50 — 14.50	1973	14.00 — 16.50
1972	12.00 — 14.00	1972	12.50 — 14.50
1971	16.00 — 19.00	1971	17.00 — 20.00
1970	13.50 — 15.50	1970	13.50 — 15.50
1969	17.50 — 20.50	1969	19.00 — 22.00
1967	13.50 — 15.50	1967	14.00 — 16.50
1966	22.00 — 25.50	1966	22.50 — 26.50
1964	20.50 — 23.50	1964	22.00 — 25.50
1962	23.50 — 27.50	1962	24.00 — 28.00
1961	25.50 — 30.00	1961	25.00 — 29.50
		1959	25.00 — 29.50
		1957	26.00 — 30.50
		1955	28.00 — 32.50
		1953	33.50 — 39.00
		1952	33.50 — 39.00
		1949	36.50 — 42.50

PRODUCER:	Domaine Henri Gouges	PRODUCER:	Lupé-Cholet
NAME:	Nuits-St.-Georges "Les Vaucrains"	NAME:	Pommard-Epenots

VINTAGE	PRICE	VINTAGE	PRICE
1976	$15.00 — 18.00	1976	$25.00 — 29.50
1974	13.50 — 15.50	1975	19.00 — 22.00
1973	14.00 — 16.50	1974	23.50 — 27.50
1972	12.50 — 14.50	1973	21.50 — 25.00
1971	17.00 — 20.00	1972	23.50 — 27.50
1970	13.50 — 15.50	1971	28.00 — 32.50
1969	19.00 — 22.00	1970	22.50 — 26.50
1967	14.00 — 16.50	1969	30.50 — 35.50
1966	22.50 — 26.50	1967	23.00 — 27.00
1964	22.00 — 25.50	1966	37.50 — 43.50
1962	24.00 — 28.00	1964	35.00 — 41.00
1961	25.00 — 29.50	1962	38.00 — 44.00
1959	25.00 — 29.50	1961	41.50 — 48.50
1957	26.00 — 30.50	1959	41.50 — 48.50
1955	28.00 — 32.50	1957	42.50 — 50.00
1953	33.50 — 39.00	1955	45.00 — 52.50
1952	33.50 — 39.00	1953	52.50 — 61.50
1949	36.50 — 42.50	1952	52.50 — 61.50
		1949	58.50 — 68.00
		1947	58.50 — 68.00
		1945	66.00 — 77.00

PRODUCER:	Henri de Villamont	PRODUCER:	Henri de Villamont
NAME:	Pommard-Epenots	NAME:	Pommard-Rugiens

VINTAGE	PRICE	VINTAGE	PRICE
1976	$25.50 − 30.00	1976	$25.50 − 30.00
1974	23.50 − 27.50	1974	23.50 − 27.50
1973	22.00 − 25.50	1973	22.00 − 25.50
1972	22.00 − 25.50	1972	22.00 − 25.50
1971	28.50 − 33.00	1971	28.50 − 33.00
1970	22.00 − 25.50	1970	22.00 − 25.50
1969	30.00 − 34.50	1969	30.00 − 34.50
1967	22.50 − 26.50	1967	22.50 − 26.50
1966	37.50 − 43.50	1966	37.50 − 43.50
1964	36.00 − 42.00	1964	36.00 − 42.00
1962	38.50 − 44.50	1962	38.50 − 44.50
1961	40.50 − 47.50	1961	40.50 − 47.50
1959	40.50 − 47.50	1959	40.50 − 47.50
1955	43.50 − 51.00	1955	43.50 − 51.00
1952	54.00 − 63.00	1952	54.00 − 63.00

PRODUCER:	Patriarche Père et Fils	PRODUCER:	Lupé-Cholet
NAME:	Pommard-Rugiens	NAME:	Volnay "Clos des Chênes"

VINTAGE	PRICE	VINTAGE	PRICE
1976	$23.50 − 27.50	1976	$17.00 − 20.00
1974	16.50 − 19.50	1975	10.50 − 12.50
1973	24.00 − 28.00	1974	13.50 − 15.50
1972	22.50 − 26.50	1973	11.00 − 13.00
1971	28.50 − 33.00	1972	13.50 − 15.50
1970	21.50 − 25.00	1971	18.00 − 21.00
1969	31.00 − 36.00	1970	13.50 − 15.50
1967	22.00 − 25.50	1969	20.00 − 23.00
1966	39.00 − 45.50	1967	14.00 − 16.50
1964	36.50 − 42.50	1966	24.50 − 28.50
1962	43.00 − 50.50	1964	23.00 − 27.00
1961	46.50 − 54.00	1962	25.50 − 30.00
1959	47.00 − 54.50	1961	28.00 − 32.50
1955	49.50 − 58.00	1959	28.50 − 33.00
		1957	29.50 − 34.00
		1955	32.00 − 37.50
		1953	36.00 − 42.00
		1952	37.00 − 43.00
		1949	40.50 − 47.50
		1947	40.50 − 47.50
		1945	45.00 − 52.50

| PRODUCER: | Domaine Jacques Prieur | PRODUCER: | Prosper Maufoux |
| NAME: | Volnay "Clos des Santenots" | NAME: | Echézeaux |

VINTAGE	PRICE	VINTAGE	PRICE
1976	$15.00 − 18.00	1976	$22.50 − 26.50
1973	11.00 − 13.00	1973	14.00 − 16.50
1972	10.50 − 12.50	1972	14.50 − 17.00
1971	16.50 − 19.50	1971	24.00 − 28.00
1970	11.00 − 13.00	1970	14.50 − 17.00
1969	17.50 − 20.50	1969	26.00 − 30.50
1967	11.00 − 13.00	1967	16.00 − 19.00
1966	21.50 − 25.00	1966	32.50 − 38.00
1964	20.50 − 24.00	1964	31.50 − 37.00
1962	22.00 − 25.50	1962	24.50 − 29.00
1961	24.50 − 29.00	1961	38.00 − 44.00
1959	24.50 − 29.00	1959	38.50 − 44.50
1955	26.50 − 31.00		

PRODUCER:	Domaine de la Romanée-Conti		PRODUCER:	Domaine de la Romanée-Conti
NAME:	Echézeaux		NAME:	Grands Echézeaux

VINTAGE	PRICE		VINTAGE	PRICE
1976	$ 40.50 — 47.50		1976	$ 67.50 — 79.00
1975	18.00 — 21.00		1975	34.00 — 40.00
1974	22.50 — 26.50		1974	38.50 — 44.50
1973	20.50 — 23.50		1973	34.00 — 40.00
1972	22.50 — 26.50		1972	36.00 — 42.00
1971	40.50 — 47.50		1971	67.50 — 79.00
1970	31.50 — 37.00		1970	36.00 — 42.00
1969	35.50 — 41.50		1969	67.50 — 79.00
1967	22.50 — 26.50		1967	45.00 — 52.50
1966	58.50 — 68.00		1966	77.00 — 90.00
1964	40.50 — 47.50		1964	72.00 — 84.00
1962	67.50 — 79.00		1962	79.00 — 92.50
1961	135.00 — 157.50		1961	166.50 — 194.00
1959	135.00 — 157.50		1959	166.50 — 194.00
1957	135.00 — 157.50		1957	173.00 — 201.50
1955	135.00 — 157.50		1955	173.00 — 201.50
1953	162.00 — 189.00		1953	202.50 — 236.00
1952	162.00 — 189.00		1952	202.50 — 236.00
1949	162.00 — 189.00		1949	202.50 — 236.00
1947	162.00 — 189.00		1947	202.50 — 236.00
1945	175.50 — 205.00		1945	225.00 — 262.50
			1937	225.00 — 262.50

| PRODUCER: | Domaine de la Romanée-Conti | PRODUCER: | Joseph Drouhin |
| NAME: | Richebourg | NAME: | Richebourg |

VINTAGE	PRICE	VINTAGE	PRICE
1976	$ 85.50 − 100.00	1976	$34.00 − 40.00
1975	40.50 − 47.50	1973	31.50 − 37.00
1974	45.00 − 52.50	1972	30.50 − 35.50
1973	49.50 − 58.00	1971	36.00 − 42.00
1972	45.00 − 52.50	1970	30.50 − 35.50
1971	85.50 − 100.00	1969	39.50 − 46.00
1970	67.50 − 79.00	1967	31.50 − 37.00
1969	90.00 − 105.00	1966	49.50 − 58.00
1967	67.50 − 79.00	1964	47.50 − 55.00
1966	108.00 − 126.00	1962	51.00 − 59.50
1965	40.50 − 47.50	1961	54.00 − 63.00
1964	94.50 − 110.00	1959	54.00 − 63.00
1962	139.50 − 163.00	1957	56.00 − 65.00
1961	202.50 − 236.00	1955	61.00 − 71.00
1959	202.50 − 236.00	1953	72.00 − 84.00
1957	202.50 − 236.00	1952	72.00 − 84.00
1956	170.00 − 198.50	1949	81.00 − 94.50
1955	202.50 − 236.00		
1953	236.00 − 275.50		
1952	236.00 − 275.50		
1949	236.00 − 275.50		
1947	236.00 − 275.50		
1945	247.50 − 289.00		

| PRODUCER: | Domaine de la Romanée-Conti |
| NAME: | Romanée-Conti |

| PRODUCER: | Lupé-Cholet |
| NAME: | La Romanée "Château de Vosne-Romanée" |

VINTAGE	PRICE
1976	$108.00 — 126.00
1975	63.00 — 73.50
1974	67.50 — 79.00
1973	63.00 — 73.50
1972	67.50 — 79.00
1971	108.00 — 126.00
1970	90.00 — 105.00
1969	135.00 — 157.50
1967	90.00 — 105.00
1966	166.50 — 194.00
1964	153.00 — 178.50
1962	189.00 — 220.50
1961	270.00 — 315.00
1959	270.00 — 315.00
1957	270.00 — 315.00
1955	270.00 — 315.00
1953	337.50 — 394.00
1952	337.50 — 394.00
1945	405.00 — 472.50
1934	337.50 — 394.00
1929	405.00 — 472.50

VINTAGE	PRICE
1976	$ 72.00 — 84.00
1974	54.00 — 63.00
1973	54.00 — 63.00
1972	63.00 — 73.50
1971	76.50 — 89.00
1970	49.50 — 58.00
1969	80.00 — 93.50
1967	54.00 — 63.00
1966	94.50 — 110.00
1964	90.00 — 105.00
1962	99.00 — 115.50
1961	108.00 — 126.00
1959	110.00 — 128.00
1957	117.00 — 136.50
1955	121.50 — 141.50
1953	144.00 — 168.00
1952	149.00 — 173.50
1949	162.00 — 189.00
1947	166.50 — 194.00
1945	184.50 — 215.00

PRODUCER:	Domaine de la Romanée-Conti	PRODUCER:	Louis Latour
NAME:	Romanée-St.-Vivant	NAME:	Romanée-St.-Vivant "Les Quatre Journaux"

VINTAGE	PRICE	VINTAGE	PRICE
1976	$ 81.00 — 94.50	1976	$ 42.50 — 50.00
1975	36.00 — 42.00	1973	31.50 — 37.00
1974	40.50 — 47.50	1972	27.00 — 31.50
1973	40.50 — 47.50	1971	42.50 — 50.00
1972	36.00 — 42.00	1970	29.50 — 34.00
1971	81.00 — 94.50	1969	45.00 — 52.50
1970	36.00 — 42.00	1967	31.50 — 37.00
1969	90.00 — 105.00	1966	56.50 — 65.50
1967	67.50 — 79.00	1964	54.00 — 63.00
1966	108.00 — 126.00	1962	58.50 — 68.00
1965	36.00 — 42.00	1961	61.00 — 71.00
		1959	61.00 — 71.00
		1957	63.00 — 73.50
		1955	67.50 — 79.00
		1953	81.00 — 94.50
		1952	81.00 — 94.50
		1949	94.50 — 110.00
		1947	94.50 — 110.00
		1945	112.50 — 131.00

PRODUCER:	Domaine de la
NAME:	Romanée-Conti
	La Tâche

PRODUCER:	Louis Latour
NAME:	Vosne-Romanée
	"Beaumonts"

VINTAGE	PRICE	VINTAGE	PRICE
1976	$ 90.00 − 105.00	1976	$22.00 − 25.50
1975	45.00 − 52.50	1973	13.50 − 15.50
1974	49.50 − 58.00	1972	13.50 − 15.50
1973	54.00 − 63.00	1971	24.50 − 28.50
1972	45.00 − 52.50	1970	13.50 − 15.50
1971	90.00 − 105.00	1969	26.00 − 30.50
1970	67.50 − 79.00	1967	14.50 − 17.00
1969	90.00 − 105.00	1966	33.50 − 39.00
1967	72.00 − 84.00	1964	31.50 − 37.00
1966	112.50 − 131.00	1962	34.50 − 40.50
1965	45.00 − 52.50	1961	36.00 − 42.00
1964	101.00 − 118.00	1959	36.00 − 42.00
1962	126.00 − 147.00	1957	39.50 − 45.00
1961	211.50 − 246.50	1955	40.50 − 47.50
1959	211.50 − 246.50		
1958	135.00 − 157.50		
1957	211.50 − 246.50		
1955	211.50 − 246.50		
1953	270.00 − 315.00		
1952	270.00 − 315.00		
1949	304.00 − 354.50		
1947	304.00 − 354.50		
1945	337.50 − 394.00		

PRODUCER:	Domaine Henry Lamarche
NAME:	Vosne-Romanée "La Grande Rue"

VINTAGE	PRICE
1976	$40.50 — 47.50
1974	26.00 — 30.50
1973	22.00 — 25.50
1972	26.00 — 30.50
1971	40.50 — 47.50
1970	25.00 — 29.50
1969	43.00 — 50.50
1967	26.00 — 30.50
1966	52.00 — 61.00
1964	51.00 — 59.50
1962	53.50 — 62.50
1961	58.50 — 68.00
1959	58.50 — 68.00
1955	63.00 — 73.50
1953	72.00 — 84.00
1952	75.50 — 88.00
1949	85.50 — 100.00

PRODUCER:	Patriarche Père et Fils
NAME:	Clos-Vougeot

VINTAGE	PRICE
1976	$27.00 — 31.50
1974	21.00 — 24.50
1973	23.00 — 27.00
1972	25.00 — 29.50
1971	30.50 — 35.00
1970	23.00 — 27.00
1969	34.00 — 40.50
1967	24.50 — 28.50
1966	42.50 — 50.00
1964	41.50 — 48.50
1962	43.50 — 51.00
1961	47.50 — 55.00
1959	47.50 — 55.00
1957	48.50 — 57.00
1955	52.00 — 61.00
1953	62.00 — 72.00
1952	63.00 — 73.50
1949	68.50 — 80.00
1947	68.50 — 80.00
1945	79.00 — 92.50

| PRODUCER: | Domaine des Varoilles | PRODUCER: | Joseph Drouhin |
| NAME: | Clos-Vougeot | NAME: | Clos de Vougeot |

VINTAGE	PRICE	VINTAGE	PRICE
1976	$21.50 − 25.00	1976	$29.50 − 34.00
1975	15.00 − 18.00	1974	25.00 − 29.50
1974	18.50 − 21.50	1973	22.50 − 26.50
1973	19.50 − 22.50	1972	21.00 − 24.50
1972	20.00 − 23.00	1971	31.50 − 37.00
1971	23.50 − 27.50	1970	22.50 − 26.50
1970	19.00 − 22.00	1969	34.00 − 40.50
1969	25.00 − 29.50	1967	23.50 − 27.50
1967	19.50 − 22.50	1966	42.50 − 50.00
1966	31.50 − 37.00	1964	40.50 − 47.50
1964	30.50 − 35.50	1962	44.00 − 51.50
1962	33.00 − 38.50	1961	48.00 − 56.50
1961	34.50 − 40.50	1959	48.00 − 56.50
1959	35.00 − 41.00	1955	51.50 − 60.50
1955	40.00 − 47.00	1952	63.00 − 73.50
1953	47.00 − 54.50	1949	67.50 − 79.00
1952	50.50 − 59.00		
1949	54.00 − 63.00		

| PRODUCER: | Louis Latour |
| NAME: | Clos de Vougeot |

| PRODUCER: | Henri de Villamont |
| NAME: | Clos de Vougeot |

VINTAGE	PRICE
1976	$31.00 — 36.00
1973	23.50 — 27.50
1972	22.50 — 26.50
1971	33.50 — 39.00
1970	22.50 — 26.50
1969	36.00 — 42.00
1967	23.50 — 27.50
1966	45.00 — 52.50
1964	42.50 — 50.00
1962	46.50 — 54.00
1961	49.50 — 58.00
1959	51.50 — 60.00
1957	52.50 — 61.50
1955	55.00 — 64.00
1953	67.50 — 79.00
1952	67.50 — 79.00
1949	76.50 — 89.00
1947	78.50 — 91.50
1945	88.00 — 103.00

VINTAGE	PRICE
1976	$29.00 — 33.50
1974	23.50 — 27.50
1973	22.50 — 26.50
1972	20.50 — 23.50
1971	30.50 — 35.50
1970	20.50 — 23.50
1969	34.00 — 40.00
1967	22.50 — 26.50
1966	40.50 — 47.50
1964	39.50 — 45.50
1962	42.50 — 50.00
1961	47.00 — 54.50
1959	47.00 — 54.50
1957	48.00 — 56.50
1955	50.00 — 58.50
1953	59.50 — 69.50
1952	61.50 — 71.50
1949	67.50 — 79.00

PRODUCER:	Joseph Drouhin
NAME:	Beaune
	"Clos des Mouches"

VINTAGE	PRICE
1977	$15.50 — 18.00
1976	15.50 — 18.00
1975	13.00 — 15.00
1974	12.00 — 14.00
1973	13.00 — 15.00
1972	11.50 — 13.50
1971	18.50 — 21.50
1970	11.50 — 13.50
1969	18.00 — 21.00
1967	13.00 — 15.00
1966	21.50 — 25.50
1964	21.50 — 25.50

PRODUCER:	Bonneau de Martray
NAME:	Corton-Charlemagne

VINTAGE	PRICE
1977	$21.50 — 25.00
1976	21.00 — 24.50
1975	16.50 — 19.50
1974	15.00 — 18.00
1973	16.50 — 19.50
1972	14.00 — 16.50
1971	25.50 — 30.00
1970	16.00 — 19.00
1969	25.00 — 29.50
1967	16.50 — 19.50
1966	30.00 — 35.00
1964	30.00 — 35.00

PRODUCER:	Henri de Villamont	PRODUCER:	Joseph Drouhin
NAME:	Corton-Charlemagne	NAME:	Corton-Charlemagne

VINTAGE	PRICE	VINTAGE	PRICE
1977	$16.00 – 19.00	1977	$19.00 – 22.00
1976	15.50 – 18.50	1976	19.00 – 22.00
1975	13.50 – 15.50	1975	16.00 – 19.00
1974	12.50 – 14.50	1974	15.00 – 18.00
1973	13.50 – 15.50	1973	16.00 – 19.00
1972	12.00 – 14.00	1972	14.00 – 16.50
1971	19.00 – 22.00	1971	23.00 – 27.00
1970	13.50 – 15.50	1970	16.00 – 19.00
1969	19.00 – 22.00	1969	22.50 – 26.00
1967	13.50 – 15.50	1967	16.50 – 19.50
1966	23.50 – 27.00	1966	28.50 – 33.00
1964	23.50 – 27.00	1964	28.50 – 33.00

PRODUCER:	Louis Jadot		PRODUCER:	Louis Latour
NAME:	Corton-Charlemagne		NAME:	Corton-Charlemagne

VINTAGE	PRICE	VINTAGE	PRICE
1977	$28.00 − 32.50	1977	$28.00 − 32.50
1976	27.00 − 31.50	1976	27.00 − 31.50
1975	24.50 − 28.50	1975	23.00 − 27.00
1974	22.50 − 26.00	1974	21.50 − 25.00
1973	21.50 − 25.50	1973	23.00 − 27.00
1972	23.00 − 27.00	1972	20.00 − 23.50
1971	20.00 − 23.50	1971	29.50 − 34.50
1970	30.00 − 35.00	1970	22.50 − 26.00
1969	22.00 − 26.00	1969	29.00 − 34.00
1967	22.50 − 26.00	1967	23.00 − 27.00
1966	40.50 − 47.00	1966	40.50 − 47.00
1964	40.50 − 47.00	1964	40.50 − 47.00

PRODUCER:	Moillard	PRODUCER:	Patriarche
			Père et Fils
NAME:	Corton-Charlemagne	NAME:	Corton-Charlemagne

VINTAGE	PRICE	VINTAGE	PRICE
1977	$24.50 – 28.50	1977	$33.50 – 39.00
1976	22.50 – 26.00	1976	32.50 – 38.00
1975	20.00 – 23.50	1975	31.50 – 37.00
1974	18.00 – 21.00	1974	30.50 – 35.50
1973	20.00 – 23.50	1973	33.50 – 39.00
1972	16.50 – 19.50	1972	27.00 – 31.50
1971	25.50 – 30.00	1971	33.50 – 39.00
1970	19.50 – 22.50	1970	29.50 – 34.50
1969	24.50 – 29.00	1969	45.00 – 52.50
1967	20.00 – 23.50	1967	30.50 – 35.50
1966	33.50 – 39.00	1966	54.00 – 63.00
1964	33.50 – 39.00	1964	54.00 – 63.00

| PRODUCER: | Henri de Villamont |
| NAME: | Meursault-Charmes |

VINTAGE	PRICE
1977	$15.00 — 17.00
1976	14.00 — 16.50
1975	12.50 — 14.50
1974	11.50 — 13.50
1973	12.50 — 14.50
1972	11.00 — 12.50
1971	16.50 — 19.50
1970	12.50 — 14.50
1969	16.50 — 19.50
1967	13.00 — 15.00
1966	20.50 — 24.00
1964	20.50 — 24.00

| PRODUCER: | Joseph Matrot |
| NAME: | Meursault-Charmes |

VINTAGE	PRICE
1977	$14.50 — 17.00
1976	14.50 — 17.00
1975	12.50 — 14.50
1974	11.50 — 13.50
1973	12.50 — 14.50
1972	11.00 — 12.50
1971	18.00 — 21.00
1970	12.50 — 14.50
1969	17.50 — 20.50
1967	13.00 — 15.00
1966	21.50 — 25.50
1964	21.50 — 25.50

PRODUCER:	Patriarche Père et Fils
NAME:	Meursault-Charmes

VINTAGE	PRICE
1977	$19.50 — 22.50
1976	19.00 — 22.00
1975	18.00 — 21.00
1974	18.00 — 21.00
1973	19.00 — 22.00
1972	13.50 — 16.00
1971	21.00 — 24.50
1970	16.00 — 19.00
1969	28.00 — 32.50
1967	18.00 — 21.00
1966	29.50 — 34.50
1964	29.50 — 34.50

PRODUCER:	Prosper Maufoux
NAME:	Meursault-Charmes

VINTAGE	PRICE
1977	$16.00 — 19.00
1976	15.50 — 18.50
1975	13.50 — 15.50
1974	12.50 — 14.50
1973	13.50 — 15.50
1972	12.00 — 14.00
1971	19.50 — 22.50
1970	13.50 — 15.50
1969	19.00 — 22.00
1967	13.50 — 15.50
1966	23.50 — 27.50
1964	23.50 — 27.50

PRODUCER: Henri Boillot
NAME: Meursault-Genevrières

VINTAGE	PRICE
1976	$16.00 − 19.00
1975	15.00 − 17.50
1974	14.50 − 17.00
1973	15.50 − 18.50
1972	13.00 − 15.00
1971	18.50 − 21.50
1970	15.00 − 17.50
1969	18.50 − 21.50
1967	15.00 − 18.00
1966	23.00 − 27.00
1964	23.00 − 27.00

PRODUCER: P. Javillier
NAME: Meursault-Goutte d'Or

VINTAGE	PRICE
1977	$13.50 − 16.00
1976	13.50 − 16.00
1975	12.00 − 14.00
1974	11.50 − 13.50
1973	12.00 − 14.00
1972	10.00 − 12.00
1971	16.00 − 19.00
1970	12.00 − 14.00
1969	16.00 − 19.00
1967	12.00 − 14.00
1966	20.00 − 23.00
1964	20.00 − 23.00

PRODUCER:	Joseph Drouhin
NAME:	Meursault-Perrières

VINTAGE	PRICE
1977	$13.50 − 16.00
1976	13.50 − 16.00
1975	12.00 − 14.00
1974	12.00 − 14.00
1973	12.00 − 14.00
1972	10.50 − 12.00
1971	16.00 − 19.00
1970	12.50 − 14.50
1969	16.00 − 19.00
1967	13.00 − 15.00
1966	20.00 − 23.50
1964	20.00 − 23.50

PRODUCER:	Patriarche Père et Fils
NAME:	Meursault-Perrières

VINTAGE	PRICE
1977	$19.50 − 22.50
1976	19.00 − 22.00
1975	18.50 − 21.50
1974	18.00 − 21.00
1973	19.00 − 22.00
1972	13.50 − 16.00
1971	21.00 − 24.50
1970	16.00 − 19.00
1969	28.00 − 32.50
1967	18.00 − 21.00
1966	29.00 − 33.50
1964	29.00 − 33.50

PRODUCER:	Domaine Jacques Prieur	PRODUCER:	Domaine de la Romanée-Conti
NAME:	Montrachet	NAME:	Montrachet

VINTAGE	PRICE	VINTAGE	PRICE
1977	$36.00 — 42.00	1976	$108.00 — 126.00
1976	36.00 — 42.00	1975	76.50 — 89.00
1975	30.50 — 35.50	1974	76.50 — 89.00
1974	29.00 — 33.50	1973	76.50 — 89.00
1973	30.50 — 35.50	1972	67.50 — 79.00
1972	25.00 — 29.50	1971	108.00 — 126.00
1971	43.00 — 50.50	1970	94.50 — 110.00
1970	30.50 — 35.50	1969	108.00 — 126.00
1969	42.00 — 49.00	1968	81.00 — 94.50
1967	31.50 — 36.50	1967	94.50 — 110.00
1966	54.00 — 63.00	1966	135.00 — 157.50
1964	54.00 — 63.00	1964	135.00 — 157.50

PRODUCER:	Lupé-Cholet	PRODUCER:	Marquis de Laguiche
NAME:	Montrachet	NAME:	Montrachet

VINTAGE	PRICE	VINTAGE	PRICE
1977	$36.50 − 42.50	1977	$37.00 − 43.00
1976	36.00 − 42.00	1976	36.00 − 42.00
1975	31.50 − 36.50	1975	31.50 − 36.50
1974	29.00 − 34.00	1974	29.00 − 34.00
1973	31.50 − 36.50	1973	31.50 − 36.50
1972	27.00 − 31.50	1972	27.00 − 31.50
1971	44.00 − 51.50	1971	44.00 − 51.50
1970	31.50 − 36.50	1970	31.50 − 36.50
1969	43.00 − 50.50	1969	43.00 − 50.50
1967	32.50 − 38.00	1967	32.50 − 38.00
1966	54.00 − 63.00	1966	54.00 − 63.00
1964	54.00 − 63.00	1964	54.00 − 63.00

PRODUCER:	Roland Thévenin
NAME:	Montrachet

PRODUCER:	J. Bachelet
NAME:	Bâtard-Montrachet

VINTAGE	PRICE
1977	$43.00 – 50.50
1976	42.00 – 49.00
1975	36.00 – 42.00
1974	34.00 – 39.50
1973	36.00 – 42.00
1972	31.00 – 36.00
1971	46.00 – 54.00
1970	36.00 – 42.00
1969	45.00 – 52.50
1967	36.00 – 42.00
1966	58.50 – 68.00
1964	58.50 – 68.00

VINTAGE	PRICE
1976	$23.00 – 27.00
1975	18.00 – 21.00
1974	18.00 – 21.00
1973	20.50 – 23.50
1972	16.50 – 19.50
1971	25.50 – 30.00
1969	25.00 – 29.50
1967	21.00 – 24.50
1966	30.50 – 35.00
1964	30.50 – 35.00

PRODUCER:	Domaine Leflaive	PRODUCER:	Etienne Sauzet
NAME:	Bâtard-Montrachet	NAME:	Bâtard-Montrachet

VINTAGE	PRICE	VINTAGE	PRICE
1977	$25.00 − 29.00	1977	$26.00 − 30.00
1976	24.00 − 28.00	1976	26.00 − 30.00
1975	20.50 − 24.00	1975	22.00 − 26.00
1974	17.50 − 20.00	1974	20.00 − 24.00
1973	20.50 − 24.00	1973	22.00 − 26.00
1972	16.00 − 19.00	1972	19.00 − 22.00
1971	29.50 − 34.00	1971	31.00 − 35.00
1970	20.50 − 24.00	1970	22.50 − 26.50
1969	28.00 − 32.50	1969	30.00 − 34.00
1966	36.00 − 42.00	1967	23.00 − 27.00
1964	36.00 − 42.00	1966	38.00 − 44.00
		1964	38.00 − 44.00

PRODUCER:	Joseph Drouhin
NAME:	Bâtard-Montrachet

VINTAGE	PRICE
1977	$22.50 – 26.50
1976	22.50 – 26.50
1975	20.00 – 23.00
1974	18.00 – 21.00
1973	20.00 – 23.00
1972	17.00 – 20.00
1971	28.00 – 32.50
1969	27.00 – 31.50
1967	20.00 – 23.00
1966	34.00 – 39.50
1964	34.00 – 39.50

PRODUCER:	Lupé-Cholet
NAME:	Bâtard-Montrachet

VINTAGE	PRICE
1977	$27.00 – 31.00
1976	26.00 – 30.00
1975	21.50 – 25.00
1974	21.00 – 24.00
1973	21.50 – 25.00
1972	20.00 – 23.00
1971	31.50 – 37.00
1970	22.50 – 26.00
1969	31.00 – 36.50
1967	22.50 – 26.00
1966	39.50 – 46.00
1964	39.50 – 46.00

PRODUCER:	Max Brenot
NAME:	Bâtard-Montrachet

VINTAGE	PRICE
1977	$21.00 – 24.00
1976	20.00 – 23.50
1975	18.00 – 21.00
1974	16.50 – 19.00
1973	18.00 – 21.00
1972	15.00 – 17.50
1971	25.00 – 29.00
1969	14.50 – 17.00
1967	18.00 – 21.00
1966	29.00 – 34.00
1964	29.00 – 34.00

PRODUCER:	Patriarche
	Père et Fils
NAME:	Bâtard-Montrachet

VINTAGE	PRICE
1977	$30.00 – 35.00
1976	29.50 – 34.50
1975	27.50 – 32.50
1974	27.00 – 31.50
1973	29.50 – 34.50
1972	26.00 – 30.50
1971	35.00 – 41.00
1970	24.00 – 28.00
1969	41.50 – 48.50
1967	24.00 – 28.00
1966	44.50 – 52.00
1964	44.50 – 52.00

PRODUCER:	Domaine Leflaive	PRODUCER:	Etienne Sauzet
NAME:	Bienvenue-Bâtard-Montrachet	NAME:	Bienvenue-Bâtard-Montrachet

VINTAGE	PRICE	VINTAGE	PRICE
1977	$21.50 – 25.00	1977	$26.00 – 30.50
1976	21.00 – 24.50	1976	25.50 – 30.00
1975	16.50 – 19.50	1975	25.50 – 26.00
1974	15.00 – 18.00	1974	20.50 – 24.00
1973	16.50 – 19.50	1973	22.50 – 26.00
1972	14.00 – 16.50	1972	19.00 – 22.00
1971	25.50 – 30.00	1971	30.00 – 35.00
1970	16.00 – 19.00	1970	22.00 – 25.50
1969	25.00 – 29.50	1969	30.00 – 35.00
1967	16.50 – 19.50	1967	23.50 – 28.00
1966	30.00 – 35.00	1966	38.00 – 44.00
1964	30.00 – 35.00	1964	38.00 – 44.00

PRODUCER:	Prosper Maufoux
NAME:	Bâtard-Montrachet
	"Les Bienvenues"

PRODUCER:	Louis Jadot
NAME:	Chevalier-Montrachet
	"Les Demoiselles"

VINTAGE	PRICE	VINTAGE	PRICE
1977	$26.00 – 30.50	1977	$27.50 – 32.00
1976	25.00 – 30.00	1976	27.00 – 31.50
1975	22.50 – 26.00	1975	23.00 – 27.00
1974	21.00 – 25.00	1974	21.50 – 25.50
1973	22.50 – 26.00	1973	22.50 – 26.00
1972	20.00 – 23.00	1972	20.00 – 23.50
1971	30.50 – 35.50	1971	29.50 – 34.50
1970	22.50 – 26.00	1970	21.50 – 25.50
1969	29.50 – 34.50	1969	29.00 – 34.00
1967	22.50 – 26.00	1967	22.50 – 26.00
1966	38.00 – 44.00	1966	40.50 – 47.00
1964	38.00 – 44.00	1964	40.50 – 47.00

PRODUCER:	Louis Latour	PRODUCER:	Joseph Drouhin
NAME:	Chevalier-Montrachet	NAME:	Puligny-Montrachet
	"Les Demoiselles"		"Clos du Cailleret"

VINTAGE	PRICE	VINTAGE	PRICE
1977	$28.00 – 32.50	1977	$15.50 – 18.00
1976	27.00 – 31.50	1976	15.50 – 18.00
1975	23.00 – 26.50	1975	15.00 – 18.00
1974	21.50 – 25.00	1974	13.00 – 15.00
1973	22.50 – 26.00	1973	14.50 – 17.00
1972	20.00 – 23.50	1972	11.50 – 13.50
1971	30.00 – 35.00	1971	18.00 – 21.00
1970	21.50 – 25.50	1970	14.50 – 17.00
1969	30.00 – 34.50	1969	18.00 – 21.00
1967	22.50 – 26.00	1967	14.50 – 17.00
1966	40.50 – 47.00	1966	22.50 – 26.00
1964	40.50 – 47.00	1964	22.50 – 26.00

PRODUCER:	Domaine Leflaive	PRODUCER:	Etienne Sauzet
NAME:	Puligny-Montrachet "Les Combettes"	NAME:	Puligny-Montrachet "Les Combettes"

VINTAGE	PRICE	VINTAGE	PRICE
1977	$17.50 — 20.50	1977	$16.00 — 19.00
1976	17.00 — 20.00	1976	15.50 — 18.50
1975	14.50 — 17.00	1975	13.50 — 15.50
1974	13.50 — 16.00	1974	12.50 — 14.50
1973	14.50 — 17.00	1973	13.50 — 15.50
1972	13.00 — 15.00	1972	12.00 — 14.00
1971	20.00 — 23.50	1971	19.00 — 22.00
1970	15.00 — 18.00	1970	13.50 — 15.50
1969	20.00 — 23.00	1969	19.00 — 22.00
1967	15.00 — 17.50	1967	13.50 — 16.00
1966	25.00 — 29.50	1966	23.50 — 27.50
1964	25.00 — 29.50	1964	23.50 — 27.50

PRODUCER:	Joseph Drouhin
NAME:	Puligny-Montrachet
	"Les Folatières"

VINTAGE	PRICE
1977	$15.00 – 17.50
1976	15.00 – 17.50
1975	13.50 – 15.50
1974	12.50 – 14.50
1973	13.50 – 15.50
1972	11.00 – 13.00
1971	18.50 – 21.50
1970	13.50 – 15.50
1969	18.00 – 21.00
1967	14.00 – 16.50
1966	22.50 – 26.00
1964	22.50 – 26.00

PRODUCER:	Etienne Sauzet
NAME:	Puligny-Montrachet
	"Les Referts"

VINTAGE	PRICE
1977	$14.50 – 17.00
1976	14.50 – 17.00
1975	12.50 – 14.50
1974	11.00 – 13.00
1973	12.50 – 14.50
1972	10.50 – 12.00
1971	18.00 – 21.00
1970	12.50 – 14.50
1969	17.00 – 20.00
1967	12.50 – 14.50
1966	21.50 – 25.00
1964	21.50 – 25.00

PRODUCER:	Domaine Comte Georges de Vogüé
NAME:	Musigny Blanc

PRODUCER:	L'Heritier-Guyot
NAME:	Clos Blanc de Vougeot

VINTAGE	PRICE
1977	$36.00 — 42.00
1976	36.00 — 42.00
1975	31.50 — 36.50
1974	29.00 — 34.00
1973	31.50 — 36.50
1972	27.00 — 31.50
1971	44.00 — 51.50
1970	31.00 — 36.00
1969	43.00 — 50.50
1967	31.50 — 37.00
1966	54.00 — 63.00
1964	54.00 — 63.00

VINTAGE	PRICE
1977	$19.00 — 22.00
1976	19.00 — 22.00
1975	16.00 — 19.00
1974	15.00 — 17.50
1973	16.00 — 19.00
1972	14.50 — 17.00
1971	23.00 — 26.50
1970	16.00 — 19.00
1969	22.50 — 26.00
1967	31.50 — 37.00
1966	28.50 — 33.00
1964	28.50 — 33.00

CHABLIS

Produced in France's Burgundy region, Chablis is one of the rarest of dry white wines. Although its name has been misleadingly invoked by almost every wine-producing country in the world, the character of true Chablis can never be duplicated. Genuine Chablis is easily recognized by its label, which must carry the official designation "Chablis-Yonne."

Situated within the department of Yonne, Chablis is a strictly controlled district whose focal point is the small village by the same name. The rolling hills that surround the village are planted in Chardonnay grapes, which acquire a distinct flavor (often described as "steely") from the area's chalky soil. Of the four different classes of Chablis, the highest — Grand Cru — must come from one of seven specified vineyards that has been designated "Great Growth." The labels justly carry the appropriate name, i.e. Blanchots, Bougros, Les Clos, Grenouilles, Les Preuses, Valmur, and Vaudésir.

Premier Cru, or First Growth, vineyards are more numerous and represent a larger area. Although lower in alcohol than Grand Cru Chablis, Premier Cru wines in good years can be of superb quality, when made by the right producer. Fourchaume, Mont de Milieu, and Montée de

Tonnerre are the most frequently seen in U.S. stores. In abundant years, the top vineyards' excess harvest may be vinified and bottled as simple Chablis or Petit Chablis, offering the wise consumer potentially excellent wine.

Because weather conditions in northern Burgundy are unreliable, and poor years are not uncommon, quality varies greatly from vintage to vintage. The area's thin soil is often depleted by severe winters, and large parts of vineyards must lie fallow for as long as twenty years at a time in order to regain strength. In the past, heavy frost was responsible for crop losses; this in turn resulted in shortages, with subsequent higher prices. In the mid-sixties, however, vintners began to use modern methods to protect the crops, and their efforts have met with considerable success. Although production levels still do not completely fill consumer demand, prices have become relatively stable.

No really fine Chablis from any vintage is ever inexpensive. Yet considering the magnificence of Chablis at its best, the price (generally lower than that for the great whites of the Côte de Beaune) represents indisputable value. Once acquainted with this premium and fine wine, it is easy to understand why its name — though never its quality — has so often been imitated.

PRODUCER:	Testut Frères	PRODUCER:	Albert Pic et Fils
NAME:	Chablis "Beugnons" Premier Cru	NAME:	Chablis "Blanchots" Grand Cru

VINTAGE	PRICE	VINTAGE	PRICE
1977	$11.50 – 13.50	1977	$14.50 – 17.00
1976	11.50 – 13.50	1976	14.50 – 17.00
1975	11.00 – 13.00	1975	14.00 – 16.50
1974	10.50 – 12.00	1974	13.00 – 15.00
1973	9.50 – 11.00	1973	11.50 – 13.50
1972	7.00 – 8.50	1972	9.50 – 11.50
1971	9.50 – 11.00	1971	11.50 – 13.50
1970	13.00 – 15.00	1970	17.00 – 20.00
1969	13.50 – 16.00	1969	18.00 – 21.00
1967	13.50 – 16.00	1967	18.00 – 21.00
1966	13.50 – 16.00	1966	18.00 – 21.00

PRODUCER:	J. Moreau et Fils	PRODUCER:	Albert Pic et Fils
NAME:	Chablis "Blanchots" Grand Cru	NAME:	Chablis "Bougros" Grand Cru

VINTAGE	PRICE	VINTAGE	PRICE
1977	$11.00 — 13.00	1977	$14.50 — 17.00
1976	11.00 — 13.00	1976	14.50 — 17.00
1975	10.50 — 12.50	1975	14.00 — 16.50
1974	10.00 — 12.00	1974	13.00 — 15.00
1973	9.50 — 11.50	1973	11.50 — 13.50
1972	8.00 — 9.50	1972	9.50 — 11.50
1971	9.50 — 11.50	1971	11.50 — 13.50
1970	13.50 — 16.00	1970	17.00 — 20.00
1969	14.50 — 17.00	1969	18.00 — 21.00
1967	14.50 — 17.00	1967	18.00 — 21.00
1966	14.50 — 17.00	1966	18.00 — 21.00

PRODUCER:	J.P. Filippi	PRODUCER:	J. Moreau et Fils
NAME:	Chablis "Bougros" Grand Cru	NAME:	Chablis "Bougros" Grand Cru

VINTAGE	PRICE	VINTAGE	PRICE
1977	$13.00 — 15.00	1977	$11.00 — 13.00
1976	13.00 — 15.00	1976	11.00 — 13.00
1975	13.00 — 15.00	1975	10.50 — 12.50
1974	12.00 — 14.00	1974	10.00 — 12.00
1973	11.00 — 13.00	1973	9.50 — 11.50
1972	9.50 — 11.00	1972	8.00 — 9.50
1971	11.00 — 13.00	1971	9.50 — 11.50
1970	15.00 — 17.00	1970	13.50 — 16.00
1969	16.00 — 18.00	1969	14.50 — 17.00
1967	16.00 — 18.00	1967	14.50 — 17.00
1966	16.00 — 18.00	1966	14.50 — 17.00

PRODUCER:	Domaine de la Maladière	PRODUCER:	Moillard
NAME:	Chablis "Les Clos" Grand Cru	NAME:	Chablis "Les Clos" Grand Cru

VINTAGE	PRICE	VINTAGE	PRICE
1977	$ 9.50 – 11.50	1977	$15.50 – 18.00
1976	9.50 – 11.50	1976	15.50 – 18.00
1975	9.00 – 11.00	1975	15.00 – 17.50
1974	8.00 – 9.50	1974	13.50 – 16.00
1973	7.50 – 9.00	1973	13.00 – 15.00
1972	7.00 – 8.00	1972	11.00 – 12.50
1971	7.50 – 9.00	1971	12.50 – 14.50
1970	11.50 – 13.50	1970	17.50 – 20.50
1969	12.50 – 14.50	1969	18.50 – 21.50
1967	12.50 – 14.50	1967	18.50 – 21.50
1966	12.50 – 14.50	1966	18.50 – 21.50

PRODUCER:	J. Moreau et Fils	PRODUCER:	J. Moreau et Fils
NAME:	Chablis "Les Clos" Grand Cru	NAME:	Chablis "Clos des Hospices dans Les Clos" Grand Cru

VINTAGE	PRICE	VINTAGE	PRICE
1977	$11.00 — 13.00	1977	$12.00 — 14.00
1976	11.00 — 13.00	1976	12.00 — 14.00
1975	10.50 — 12.50	1975	11.50 — 13.50
1974	10.00 — 12.00	1974	10.50 — 12.50
1973	9.50 — 11.50	1973	9.50 — 11.50
1972	8.00 — 9.50	1972	9.00 — 10.50
1971	9.50 — 11.50	1971	10.50 — 12.50
1970	13.50 — 16.00	1970	14.50 — 17.00
1969	14.50 — 17.00	1969	15.50 — 18.50
1967	14.50 — 17.00	1967	15.50 — 18.50
1966	14.50 — 17.00	1966	15.50 — 18.50

PRODUCER:	Simonnet Fèbvre	PRODUCER:	Moillard
NAME:	Chablis "Les Clos"	NAME:	Chablis "Fourchaume"
	Grand Cru		Premier Cru

VINTAGE	PRICE	VINTAGE	PRICE
1977	$13.00 — 15.00	1977	$14.50 — 17.00
1976	13.00 — 15.00	1976	14.50 — 17.00
1975	12.50 — 14.50	1975	14.00 — 16.50
1974	11.50 — 13.50	1974	12.50 — 15.00
1973	10.50 — 12.50	1973	12.00 — 14.50
1972	9.00 — 10.50	1972	10.50 — 12.00
1971	10.50 — 12.50	1971	12.50 — 15.00
1970	14.50 — 17.00	1970	17.00 — 19.50
1969	15.00 — 18.00	1969	18.00 — 21.00
1967	15.00 — 18.00	1967	18.00 — 21.00
1966	15.00 — 18.00	1966	18.00 — 21.00

PRODUCER:	J. Moreau et Fils
NAME:	Chablis "Fourchaume" Premier Cru

VINTAGE	PRICE
1977	$ 9.50 – 11.00
1976	9.50 – 11.00
1975	9.00 – 10.50
1974	9.00 – 10.50
1973	8.00 – 9.50
1972	6.50 – 7.50
1971	8.00 – 9.50
1970	11.50 – 13.50
1969	12.50 – 14.50
1967	12.50 – 14.50
1966	12.50 – 14.50

PRODUCER:	A. Regnard et Fils
NAME:	Chablis "Fourchaume" Premier Cru

VINTAGE	PRICE
1977	$ 9.50 – 11.50
1976	9.50 – 11.50
1975	9.00 – 11.00
1974	8.50 – 10.00
1973	7.50 – 9.00
1972	6.50 – 8.00
1971	7.00 – 8.50
1970	11.50 – 13.50
1969	12.50 – 14.50
1967	12.50 – 14.50
1966	12.50 – 14.50

PRODUCER:	Moillard	PRODUCER:	Testut Frères
NAME:	Chablis "Grenouilles" Grand Cru	NAME:	Chablis "Grenouilles" Grand Cru

VINTAGE	PRICE	VINTAGE	PRICE
1977	$15.00 — 18.00	1977	$14.50 — 17.00
1976	15.00 — 18.00	1976	14.50 — 17.00
1975	15.00 — 18.00	1975	14.00 — 16.50
1974	13.50 — 15.50	1974	13.00 — 15.00
1973	13.00 — 15.00	1973	11.50 — 13.50
1972	11.00 — 12.50	1972	10.00 — 11.50
1971	13.00 — 15.00	1971	11.50 — 13.50
1970	17.50 — 20.50	1970	17.00 — 20.00
1969	20.00 — 23.00	1969	18.00 — 21.00
1967	20.00 — 23.00	1967	18.00 — 21.00
1966	20.00 — 23.00	1966	18.00 — 21.00

PRODUCER: J. Moreau et Fils	**PRODUCER:** A. Regnard et Fils
NAME: Chablis "Mont de Milieu" Premier Cru	**NAME:** Chablis "Mont de Milieu" Premier Cru

VINTAGE	PRICE	VINTAGE	PRICE
1977	$ 9.50 — 11.00	1977	$10.00 — 11.50
1976	9.50 — 11.00	1976	10.00 — 11.50
1975	9.00 — 10.50	1975	9.50 — 11.00
1974	9.00 — 10.50	1974	8.50 — 10.00
1973	8.00 — 9.50	1973	7.50 — 9.00
1972	6.50 — 7.50	1972	6.50 — 8.00
1971	8.00 — 9.50	1971	7.00 — 8.50
1970	11.50 — 13.50	1970	11.50 — 13.50
1969	12.50 — 14.50	1969	12.50 — 14.50
1967	12.50 — 14.50	1967	12.50 — 14.50
1966	12.50 — 14.50	1966	12.50 — 14.50

PRODUCER:	Billaud-Simon
NAME:	Chablis "Montée de Tonnerre" Premier Cru

VINTAGE	PRICE
1977	$11.00 — 13.00
1976	11.00 — 13.00
1975	10.50 — 12.50
1974	10.00 — 12.00
1973	9.50 — 11.50
1972	8.00 — 9.50
1971	9.50 — 11.50
1970	13.50 — 16.00
1969	14.50 — 17.00
1967	14.50 — 17.00
1966	14.50 — 17.00

PRODUCER:	J.P. Filippi
NAME:	Chablis "Montée de Tonnerre" Premier Cru

VINTAGE	PRICE
1977	$11.00 — 13.00
1976	11.00 — 13.00
1975	10.50 — 12.50
1974	9.50 — 11.50
1973	9.00 — 10.50
1972	7.00 — 8.50
1971	9.00 — 10.50
1970	12.50 — 14.50
1969	13.50 — 15.50
1967	13.50 — 15.50
1966	13.50 — 15.50

PRODUCER:	A. Regnard et Fils		**PRODUCER:**	Simonnet Fēbvre
NAME:	Chablis "Montée de Tonnerre" Premier Cru		**NAME:**	Chablis "Montée de Tonnerre" Premier Cru

VINTAGE	PRICE		VINTAGE	PRICE
1977	$11.00 – 12.50		1977	$10.50 – 12.00
1976	11.00 – 12.50		1976	10.50 – 12.00
1975	10.50 – 12.00		1975	10.00 – 11.50
1974	10.00 – 11.50		1974	9.50 – 11.00
1973	9.50 – 11.00		1973	9.00 – 10.50
1972	7.50 – 9.00		1972	7.00 – 8.50
1971	9.50 – 11.00		1971	9.00 – 10.50
1970	13.00 – 15.00		1970	12.50 – 14.50
1969	14.00 – 16.00		1969	13.50 – 15.50
1967	14.00 – 16.00		1967	13.50 – 15.50
1966	14.00 – 16.00		1966	13.50 – 15.50

PRODUCER:	Domaine de la Maladière	PRODUCER:	J. Forgeot
NAME:	Chablis "Les Preuses" Grand Cru	NAME:	Chablis "Les Preuses" Grand Cru

VINTAGE	PRICE	VINTAGE	PRICE
1977	$15.50 — 18.00	1977	$11.50 — 13.50
1976	15.50 — 18.00	1976	11.50 — 13.50
1975	15.00 — 17.50	1975	11.00 — 12.50
1974	13.50 — 15.50	1974	10.50 — 12.00
1973	13.00 — 15.00	1973	9.00 — 10.50
1972	11.00 — 12.50	1972	7.50 — 9.00
1971	13.00 — 15.00	1971	10.00 — 11.50
1970	17.50 — 20.50	1970	13.50 — 15.50
1969	20.00 — 23.00	1969	14.50 — 17.00
1967	20.00 — 23.00	1967	14.50 — 17.00
1966	20.00 — 23.00	1966	14.50 — 17.00

PRODUCER:	J. Moreau et Fils	PRODUCER:	Simonnet Febvre
NAME:	Chablis "Les Preuses" Grand Cru	NAME:	Chablis "Les Preuses" Grand Cru

VINTAGE	PRICE	VINTAGE	PRICE
1977	$11.00 — 13.00	1977	$13.00 — 15.00
1976	11.00 — 13.00	1976	13.00 — 15.00
1975	10.50 — 12.50	1975	12.50 — 14.50
1974	10.00 — 12.00	1974	11.50 — 13.50
1973	9.50 — 11.50	1973	10.50 — 12.50
1972	8.00 — 9.50	1972	9.00 — 10.50
1971	9.50 — 11.50	1971	10.50 — 12.50
1970	13.50 — 15.50	1970	14.50 — 17.00
1969	14.50 — 17.00	1969	15.50 — 18.00
1967	14.50 — 17.00	1967	15.50 — 18.00
1966	14.50 — 17.00	1966	15.50 — 18.00

PRODUCER:	Albert Pic et Fils	PRODUCER:	Josselin
NAME:	Chablis "Valmur" Grand Cru	NAME:	Chablis "Valmur" Grand Cru

VINTAGE	PRICE	VINTAGE	PRICE
1977	$14.50 — 17.00	1977	$13.00 — 15.00
1976	14.50 — 17.00	1976	13.00 — 15.00
1975	13.50 — 15.50	1975	12.00 — 14.00
1974	13.00 — 15.00	1974	11.50 — 13.50
1973	11.50 — 13.50	1973	10.50 — 12.50
1972	10.00 — 11.50	1972	9.00 — 10.50
1971	11.50 — 13.50	1971	10.50 — 12.50
1970	17.00 — 20.00	1970	14.00 — 16.00
1969	18.00 — 21.00	1969	15.50 — 18.00
1967	18.00 — 21.00	1967	15.50 — 18.00
1966	18.00 — 21.00	1966	15.50 — 18.00

PRODUCER:	J. Moreau et Fils
NAME:	Chablis "Valmur"
	Grand Cru

VINTAGE	PRICE
1977	$11.00 — 13.00
1976	11.00 — 13.00
1975	10.50 — 12.50
1974	10.00 — 12.00
1973	9.50 — 11.50
1972	8.00 — 9.50
1971	9.50 — 11.50
1970	13.50 — 15.50
1969	14.50 — 17.00
1967	14.50 — 17.00
1966	14.50 — 17.00

PRODUCER:	Reine Pédauque
NAME:	Chablis "Valmur"
	Grand Cru

VINTAGE	PRICE
1977	$10.50 — 12.50
1976	10.50 — 12.50
1975	10.00 — 12.00
1974	9.50 — 11.50
1973	9.50 — 11.00
1972	7.00 — 8.50
1971	9.00 — 10.50
1970	12.50 — 14.50
1969	13.50 — 15.50
1967	13.50 — 15.50
1966	13.50 — 15.50

PRODUCER:	Domaine de la Maladière	PRODUCER:	Josselin
NAME:	Chablis "Vaudésir" Grand Cru	NAME:	Chablis "Vaudésir" Grand Cru

VINTAGE	PRICE	VINTAGE	PRICE
1977	$10.00 — 11.50	1977	$13.00 — 15.00
1976	10.00 — 11.50	1976	13.00 — 15.00
1975	9.50 — 11.00	1975	12.50 — 14.50
1974	8.00 — 9.50	1974	11.50 — 13.50
1973	7.50 — 9.00	1973	10.50 — 12.50
1972	6.50 — 8.00	1972	9.00 — 10.50
1971	7.50 — 9.00	1971	10.50 — 12.50
1970	11.50 — 13.50	1970	14.50 — 17.00
1969	12.50 — 14.50	1969	15.50 — 18.00
1967	12.50 — 14.50	1967	15.50 — 18.00
1966	12.50 — 14.50	1966	15.50 — 18.00

PRODUCER:	Lupé-Cholet	PRODUCER:	J. Moreau et Fils
NAME:	Chablis "Vaudésir" Grand Cru	NAME:	Chablis "Vaudésir" Grand Cru

VINTAGE	PRICE	VINTAGE	PRICE
1977	$14.50 – 17.00	1977	$11.00 – 13.00
1976	14.50 – 17.00	1976	11.00 – 13.00
1975	14.00 – 16.00	1975	10.50 – 12.50
1974	13.00 – 15.00	1974	10.00 – 12.00
1973	11.50 – 13.50	1973	9.50 – 11.50
1972	10.00 – 11.50	1972	8.00 – 9.50
1971	11.50 – 13.50	1971	9.50 – 11.50
1970	17.00 – 20.00	1970	13.50 – 15.50
1969	18.00 – 21.00	1969	14.50 – 17.00
1967	18.00 – 21.00	1967	14.50 – 17.00
1966	18.00 – 21.00	1966	14.50 – 17.00

PRODUCER:	Prosper Maufoux	PRODUCER:	Testut Frères
NAME:	Chablis "Vaudésir" Grand Cru	NAME:	Chablis "Vaudésir" Grand Cru

VINTAGE	PRICE	VINTAGE	PRICE
1977	$12.50 — 14.50	1977	$14.50 — 17.00
1976	12.50 — 14.50	1976	14.50 — 17.00
1975	12.00 — 14.00	1975	14.00 — 16.00
1974	11.00 — 13.00	1974	13.00 — 15.00
1973	10.50 — 12.00	1973	11.50 — 13.50
1972	8.50 — 10.00	1972	10.00 — 11.50
1971	10.50 — 12.00	1971	11.50 — 13.50
1970	14.00 — 16.00	1970	17.00 — 20.00
1969	15.00 — 17.50	1969	18.00 — 21.00
1967	15.00 — 17.50	1967	18.00 — 21.00
1966	15.00 — 17.50	1966	18.00 — 21.00

BEAUJOLAIS

In southern Burgundy it is often said that the best Beaujolais is the youngest. On the strength of this claim, Americans have created a demand for Beaujolais Nouveau. In France the first Beaujolais is drunk straight from the cask. In order to ship it abroad, however, it must be stabilized and bottled. These processes and the handling detract a great deal from the flavor of the wine. Thus the product drunk in New York or Detroit bears but a faint resemblance to the highly praised carafe wine of Lyon. The Nouveau aside, younger is *not* better. The majority of the district's wine is aged in cask before bottling and arrives in this country in excellent condition. Though Beaujolais should be drunk in its youth and will not improve in the bottle after a few years, some aging is absolutely necessary for its characteristic taste and depth.

As with its other wines, the French government provides reliable guides to the quality of Beaujolais by maintaining standards of labeling. Ranked above the wines simply carrying the Côte name are Beaujolais Supérieur, wines that can be produced from grapes anywhere in the district but that must attain at least 10 percent alcohol. The next grade up are the Beaujolais-Villages, which by regulation must be made from grapes produced in any one of about three dozen villages — but specific village names seldom appear on the labels. The top class is comprised of the nine Grand Cru appellations. Among these, Moulin-à-Vent has the reputation of possessing a heaviness similar to the great Burgundies; Brouilly has been called the most charming; Fleurie, the most clean and fresh. In fact, each Grand Cru has its distinctive characteristics, and none is truly *like* a Burgundy of the Côte d'Or, for all Beaujolais are made from the Gamay grape, while the flavor of red Burgundy derives from the Pinot Noir.

A result of Beaujolais' recent popularity is that some are now estate bottled, and if the names of châteaux are accompanied by the name of a reliable producer, these wines are often excellent. The prices for Beaujolais may seem high for a wine that does not age well and so cannot be looked at as an investment. But it should be remembered that as these wines come into their own while the great Burgundies are still in the cask, they are very much in demand. Another consideration is that simple Beaujolais may be cheaper, but dollar for dollar the Grand Crus represent a better value. The same import duties are levied on both — so that for the less expensive you are buying more federal protection for domestic industry; with the Grand Crus your money buys more wine.

PRODUCER: Château de la Chaize

NAME: Brouilly

VINTAGE	PRICE
1978	$ 5.50 — 6.50
1977	5.00 — 6.00
1976	5.00 — 6.00

PRODUCER: Domaine de la Folie

NAME: Brouilly

VINTAGE	PRICE
1978	$ 6.00 — 7.00
1977	5.50 — 6.50
1976	5.50 — 6.50

PRODUCER: Château de Corcelles

NAME: Brouilly

VINTAGE	PRICE
1978	$ 6.50 — 7.50
1977	6.00 — 7.00
1976	6.00 — 7.00

PRODUCER: Louis Jadot

NAME: Brouilly

VINTAGE	PRICE
1978	$ 7.50 — 8.50
1977	7.00 — 8.00
1976	7.00 — 8.00

PRODUCER:	Louis Latour
NAME:	Brouilly

VINTAGE	PRICE
1978	$ 7.00 — 8.00
1977	6.50 — 7.50
1976	6.50 — 7.50

PRODUCER:	J. Mommessin
NAME:	Brouilly
	"Château de Briante"

VINTAGE	PRICE
1978	$ 6.50 — 7.50
1977	5.50 — 6.50
1976	5.50 — 6.50

PRODUCER:	Lupé-Cholet
NAME:	Brouilly

VINTAGE	PRICE
1978	$ 7.00 — 8.00
1977	6.50 — 7.50
1976	6.50 — 7.50

PRODUCER:	Prosper Maufoux
NAME:	Brouilly

VINTAGE	PRICE
1978	$ 7.00 — 8.00
1977	6.00 — 7.00
1976	6.00 — 7.00

PRODUCER:	Paul Beaudet
NAME:	Chénas

VINTAGE	PRICE
1978	$ 7.00 – 8.00
1977	6.50 – 7.50
1976	6.50 – 7.50

PRODUCER:	J. Depagneux
NAME:	Fleurie
	"Les Moriers"

VINTAGE	PRICE
1978	$ 6.50 – 7.50
1977	6.00 – 7.00
1976	6.00 – 7.00

PRODUCER:	Château
	des Capitans
NAME:	Fleurie

VINTAGE	PRICE
1978	$ 7.00 – 8.00
1977	6.50 – 7.50
1976	6.50 – 7.50

PRODUCER:	Louis Jadot
NAME:	Fleurie

VINTAGE	PRICE
1978	$ 7.50 – 9.00
1977	7.00 – 8.00
1976	7.00 – 8.00

| PRODUCER: | Louis Latour |
| NAME: | Fleurie |

VINTAGE	PRICE
1978	$ 7.00 – 8.00
1977	6.50 – 7.50
1976	6.50 – 7.50

PRODUCER:	Reine Pédauque
NAME:	Fleurie
	"Domaine de La Treille"

VINTAGE	PRICE
1978	$ 7.50 – 8.50
1977	7.00 – 8.00
1976	7.00 – 8.00

PRODUCER:	Patriarche
	Père et Fils
NAME:	Fleurie

VINTAGE	PRICE
1978	$ 7.00 – 8.00
1977	6.50 – 7.50
1976	6.50 – 7.50

| PRODUCER: | Château de Juliénas |
| NAME: | Juliénas |

VINTAGE	PRICE
1978	$ 6.50 – 7.50
1977	6.00 – 7.00
1976	6.00 – 7.00

PRODUCER:	Château Gaillard
NAME:	Morgon

VINTAGE	PRICE
1978	$ 6.50 — 7.50
1977	6.00 — 7.00
1976	6.00 — 7.00

PRODUCER:	Comte de Sparre
NAME:	Moulin-à-Vent
	"Domaine de la Tour du Bief"

VINTAGE	PRICE
1978	$ 8.00 — 9.50
1977	7.00 — 8.50
1976	7.00 — 8.50

PRODUCER:	Louis Jadot
NAME:	Morgon

VINTAGE	PRICE
1978	$ 6.00 — 7.00
1977	5.50 — 6.50
1976	5.50 — 6.50

PRODUCER:	Cruse et Fils
NAME:	Moulin-à-Vent

VINTAGE	PRICE
1978	$ 8.00 — 9.50
1977	7.00 — 8.50
1976	7.00 — 8.50

PRODUCER:	Domaine Sambin
NAME:	Moulin-à-Vent

VINTAGE		PRICE
1978	$ 7.00	− 8.50
1977	6.50	− 7.50
1976	6.50	− 7.50

PRODUCER:	Louis Jadot
NAME:	Moulin-à-Vent

VINTAGE		PRICE
1978	$ 8.50	− 10.00
1977	7.50	− 9.00
1976	7.50	− 9.00

PRODUCER:	Jean-Pierre Bloud
NAME:	Moulin-à-Vent
	"Les Combes"

VINTAGE		PRICE
1978	$ 8.00	− 9.50
1977	7.00	− 8.50
1976	7.00	− 8.50

PRODUCER:	Louis Latour
NAME:	Moulin-à-Vent

VINTAGE		PRICE
1978	$ 8.50	− 10.00
1977	7.50	− 9.00
1976	7.50	− 9.00

PRODUCER: J. Mommessin
NAME: Moulin-à-Vent
"Domaine de Champ de Cour"

VINTAGE	PRICE
1978	$ 9.00 — 10.50
1977	8.00 — 9.50
1976	8.00 — 9.50

PRODUCER: Paul Beaudet
NAME: Moulin-à-Vent

VINTAGE	PRICE
1978	$ 7.50 — 9.00
1977	7.00 — 8.00
1976	7.00 — 8.00

PRODUCER: Patriarche
Père et Fils
NAME: Moulin-à-Vent

VINTAGE	PRICE
1978	$10.00 — 11.50
1977	9.00 — 10.50
1976	9.00 — 10.50

PRODUCER: Prosper Maufoux
NAME: Moulin-à-Vent

VINTAGE	PRICE
1978	$ 9.00 — 10.50
1977	8.00 — 9.50
1976	8.00 — 9.50

| PRODUCER: | Reine Pédauque |
| NAME: | Moulin-à-Vent |

VINTAGE	PRICE
1978	$ 7.50 — 9.00
1977	7.00 — 8.00
1976	7.00 — 8.00

| PRODUCER: | A. Bichot |
| NAME: | Beaujolais-Villages |

VINTAGE	PRICE
1978	$ 6.50 — 7.50
1977	6.00 — 7.00
1976	6.00 — 7.00

| PRODUCER: | Patriarche Père et Fils |
| NAME: | Beaujolais Supérieur |

VINTAGE	PRICE
1978	$ 7.00 — 8.50
1977	6.50 — 7.50
1976	6.50 — 7.50

| PRODUCER: | Chanson |
| NAME: | Beaujolais-Villages "St-Vincent" |

VINTAGE	PRICE
1978	$ 6.50 — 7.50
1977	6.00 — 7.00
1976	6.00 — 7.00

PRODUCER: Château de
                 Lacarelle
NAME: Beaujolais-Villages

VINTAGE	PRICE
1978	$ 4.50 — 5.50
1977	4.00 — 5.00
1976	4.00 — 5.00

PRODUCER: Joseph Drouhin
NAME: Beaujolais-Villages

VINTAGE	PRICE
1978	$ 6.00 — 7.00
1977	5.50 — 6.50
1976	5.50 — 6.50

PRODUCER: Geisweiler et Fils
NAME: Beaujolais-Villages

VINTAGE	PRICE
1978	$ 5.50 — 6.50
1977	5.00 — 6.00
1976	5.00 — 6.00

PRODUCER: Louis Jadot
NAME: Beaujolais-Villages

VINTAGE	PRICE
1978	$ 5.00 — 6.00
1977	4.50 — 5.50
1976	4.50 — 5.50

PRODUCER:	Louis Latour
NAME:	Beaujolais-Villages

VINTAGE	PRICE
1978	$ 5.50 — 6.50
1977	5.00 — 6.00
1976	5.00 — 6.00

PRODUCER:	J. Mommessin
NAME:	Beaujolais-Villages "Château de la Salle"

VINTAGE	PRICE
1978	$ 6.00 — 7.00
1977	5.50 — 6.50
1976	5.50 — 6.50

PRODUCER:	Moillard
NAME:	Beaujolais-Villages

VINTAGE	PRICE
1978	$ 7.50 — 8.50
1977	7.00 — 8.00
1976	7.00 — 8.00

PRODUCER:	A. Roux
NAME:	Beaujolais-Villages "Chapeau Rouge"

VINTAGE	PRICE
1978	$ 6.00 — 7.00
1977	5.50 — 6.50
1976	5.50 — 6.50

MÂCONNAIS

 The vineyards of the Mâconnais, situated in southern Burgundy and adjoining the Beaujolais district are seldom compared favorably with their renowned and powerful neighbors. Experts say that few white Mâconnais wines approach the quality of the noble white Burgundies of the Côte d'Or, and on occasion it has been rumored that good Mâconnais reds are bottled as Beaujolais, while only the lesser reds are labeled Mâcon.

This should not discourage the wine buyer. Mâcon-Lugny and other Mâcon wines with village designations, even some Mâcon-Villages, are superior wines at reasonable prices. They are now widely available, making them a particularly attractive choice. Mâcon-Viré is one of the region's best wines and is becoming increasingly popular as white-wine devotees seek alternatives to the high prices of the Chardonnay wines throughout Burgundy.

Still, wine authorities have a tendency to shortchange the Mâconnais district, perhaps because its soil generally lacks the qualities that make the great wines of Burgundy unique. Pouilly-Fuissé, therefore, is something of a wonder. Made from fine Chardonnay grapes grown on a few hillsides of chalky soil, Pouilly-Fuissé is dry and pleasant. It is comparable to some of the Côte de Beaune whites and presently commands record-high prices.

Are the prices justified? According to the experts, Pouilly-Fuissé is a good wine, but only certain vintages can be considered great. The public obviously feels more strongly. Current prices are a reflection of Pouilly-Fuissé's scarcity, and the public demand. This popularity is not entirely new. According to legend, a 17th-century Mâconnais vintner trudged 250 miles through the mud to advertise his wines in Paris, was rewarded with an order for the king's cellars — and Mâconnais wines have found ready markets ever since.

In all probability, then, the demand for Pouilly-Fuissé will not abruptly end. Still, the rapid inflation makes its selling value questionable. A recent check of key wine retailers indicated that some stores are refusing to stock it at the present high prices. Price ultimately depends on how much wine buyers are willing to pay. Whether public demand will continue to be strong at current price levels remains to be seen.

PRODUCER:	A. Bichot
NAME:	Pouilly-Fuissé

VINTAGE	PRICE
1978	$ 16.00 – 19.00
1977	13.50 – 15.50
1976	13.00 – 15.00

PRODUCER:	Château Fuissé
NAME:	Pouilly-Fuissé

VINTAGE	PRICE
1978	$18.00 – 21.00
1977	15.00 – 18.00
1976	14.50 – 17.00

PRODUCER:	Barton & Guestier
NAME:	Pouilly-Fuissé

VINTAGE	PRICE
1978	$ 18.00 – 21.00
1977	15.00 – 18.00
1976	14.50 – 17.00

PRODUCER:	Château Fuissé
NAME:	Pouilly-Fuissé
	"Vieilles Vignes"

VINTAGE	PRICE
1978	$24.00 – 28.00
1977	18.00 – 21.00
1976	16.50 – 19.50

PRODUCER: Henri de Villamont
NAME: Pouilly-Fuissé

VINTAGE	PRICE
1978	$ 13.50 — 15.50
1977	10.50 — 12.50
1976	10.00 — 12.00

PRODUCER: Louis Jadot
NAME: Pouilly-Fuissé

VINTAGE	PRICE
1978	$ 14.50 — 17.00
1977	9.00 — 10.50
1976	8.50 — 10.00

PRODUCER: Joseph Drouhin
NAME: Pouilly-Fuissé

VINTAGE	PRICE
1978	$ 17.00 — 20.00
1977	9.00 — 10.50
1976	9.00 — 10.50

PRODUCER: Lupé-Cholet
NAME: Pouilly-Fuissé

VINTAGE	PRICE
1978	$ 18.00 — 21.00
1977	15.00 — 18.00
1976	14.50 — 17.00

PRODUCER: Maurice Luquet
NAME: Pouilly-Fuissé
                 "Clos du Bourg"

VINTAGE	PRICE
1978	$ 22.50 – 26.00
1977	19.00 – 22.00
1976	19.00 – 22.00

PRODUCER: Prosper Maufoux
NAME: Pouilly-Fuissé

VINTAGE	PRICE
1978	$15.50 – 18.50
1977	12.00 – 14.00
1976	11.00 – 13.00

PRODUCER: Mommessin
NAME: Pouilly-Fuissé

VINTAGE	PRICE
1978	$ 13.00 – 15.00
1977	9.50 – 11.50
1976	9.00 – 10.50

PRODUCER: Sichel
NAME: Pouilly-Fuissé

VINTAGE	PRICE
1978	$18.00 – 21.00
1977	15.50 – 18.50
1976	13.50 – 15.50

PRODUCER:	Cave de Lugny
NAME:	Mâcon-Lugny
	"Les Charmes"

VINTAGE	PRICE
1978	$ 7.00 – 8.50
1977	6.00 – 7.00
1976	5.50 – 6.50

PRODUCER:	Joseph Drouhin
NAME:	Mâcon-Villages
	"Laforêt"

VINTAGE	PRICE
1978	$ 9.50 – 11.50
1977	7.00 – 8.00
1976	6.00 – 7.00

PRODUCER:	Louis Latour
NAME:	Mâcon-Lugny
	"Les Genièvres"

VINTAGE	PRICE
1978	$ 8.50 – 10.00
1977	6.50 – 7.50
1976	6.00 – 7.00

PRODUCER:	Prosper Maufoux
NAME:	Mâcon-Viré
	"Château de Viré"

VINTAGE	PRICE
1978	$ 8.50 – 10.50
1977	6.50 – 7.50
1976	6.50 – 7.50

THE LOIRE VALLEY

 The wines of the Loire Valley—from dry to sweet, from still to sparkling—provide a wide range of tasting experiences. Often called country wines, few can be considered classically great. Many Loire wines, however, are delightful, and most are available at reasonable prices. They are excellent choices for experimentation and everyday wine drinking.

From the easternmost part of the river valley comes Pouilly-Fumé, a dry white wine said to have been Marie Antoinette's favorite. Though it is made from the Sauvignon Blanc grape, apparently Pouilly-Fumé has been frequently identified with an entirely different wine, Pouilly-Fuissé —the excellent Mâconnais wine whose grape is the Chardonnay. In fact, Pouilly-Fumé is a pleasant table wine—not one of France's finest whites—but the name confusion has resulted in high prices by association and an exception to the ordinarily modest prices of the Loire Valley wines.

Sancerre, the dry white praised by Ernest Hemingway, is grown across the river from Pouilly and is a great favorite in Paris restaurants. Sancerres, also made from Sauvignon Blanc, require a few years of bottle age to soften.

The heart of the valley is the region surrounding Tours. From the Touraine comes Vouvray, from the Chenin Blanc grape. It is a soft, dry, and early maturing wine in average years and a rich, sweet wine at its best. Because Vouvray is considered to be the one Loire Valley wine that can achieve greatness, it is worth laying down in good years; it will improve in the bottle for several decades.

The Anjou district, home of Rosé d'Anjou, is downriver from Tours. Although Anjou's rosés are more well-known, actually its whites surpass them in quality. The best include the sweet, balanced wines of the Quarts de Chaume (a subdivision of the Côteaux du Layon) and the drier and sometimes very alcoholic wines of Savennières.

Muscadet, named for its grape variety, is produced near the mouth of the Loire River. It is one of the region's driest wines, and as such is very much in vogue. Especially satisfying with shellfish, the best Muscadets are labeled "de Sèvre-et-Maine," the area directly east of Nantes. Though demand has grown for these wines, their price has remained reasonable.

Generally speaking, Loire wines, in their abundance, freshness, and variety—and at prices hard to beat for French wines—are a challenge to personal discovery.

PRODUCER: Domaine de la
Bizolière
NAME: Anjou Savennières
"Clos du Papillon"

VINTAGE	PRICE
1977	$7.00 – 8.00
1976	7.00 – 8.00
1975	7.00 – 8.00

PRODUCER: La Roche aux
Moines
NAME: Anjou-Savennières

VINTAGE	PRICE
1977	$7.50 – 9.00
1976	7.50 – 9.00
1975	7.50 – 9.00

PRODUCER: Michel Doucet
NAME: Anjou Quarts de Chaume
"Château de la Guimonière"

VINTAGE	PRICE
1975	$ 6.50 – 7.50
1971	9.00 – 10.50
1969	11.00 – 13.00

PRODUCER: Clos de Beauregard
NAME: Muscadet
de Sèvre et Maine

VINTAGE	PRICE
1977	$5.00 – 6.00
1976	4.50 – 5.50
1975	4.50 – 5.50

PRODUCER:	Domaine de l'Hyvernière
NAME:	Muscadet de Sèvre et Maine

VINTAGE	PRICE
1977	$6.00 − 7.00
1976	5.50 − 6.50
1975	5.50 − 6.50

PRODUCER:	Marquis de Goulaine
NAME:	Muscadet de Sèvre et Maine

VINTAGE	PRICE
1977	$4.50 − 5.50
1976	3.00 − 4.00
1975	3.00 − 4.00

PRODUCER:	Domaine Jean Baptiste
NAME:	Muscadet de Sèvre et Maine

VINTAGE	PRICE
1977	$5.00 − 6.00
1976	4.50 − 5.50
1975	4.50 − 5.50

PRODUCER:	Château du Nozet
NAME:	Pouilly-Fumé "de Ladoucette"

VINTAGE	PRICE
1977	$13.50 − 15.50
1976	11.00 − 12.50
1975	11.00 − 12.50

PRODUCER: Patrick Coulbois
NAME: Pouilly-Fumé

VINTAGE	PRICE
1977	$7.50 — 8.50
1976	7.00 — 8.00
1975	7.00 — 8.00

PRODUCER: Château de Maimbray
NAME: Sancerre

VINTAGE	PRICE
1977	$7.00 — 8.00
1976	6.50 — 7.50
1975	6.50 — 7.50

PRODUCER: H. Bourgeois et Fils
NAME: Sancerre Chavignol "Les Demoiselles"

VINTAGE	PRICE
1977	$7.00 — 8.00
1976	6.50 — 7.50
1975	6.50 — 7.50

PRODUCER: Comte Lafond
NAME: Sancerre

VINTAGE	PRICE
1977	$9.00 — 10.50
1976	8.00 — 9.50
1975	8.00 — 9.50

PRODUCER: Marnier-Lapostolle
NAME: Château de Sancerre

VINTAGE	PRICE
1977	$5.50 − 6.50
1976	5.00 − 6.00
1975	5.00 − 6.00

PRODUCER: Duplessis Mornay
NAME: Vouvray
                  "Cuvée Florent"

VINTAGE	PRICE
1977	$5.00 − 6.00
1976	5.00 − 6.00
1975	5.00 − 6.00

PRODUCER: Château de
                 Montfort
NAME: Vouvray

VINTAGE	PRICE
1977	$4.50 − 5.50
1976	4.00 − 5.00
1975	4.00 − 5.00

PRODUCER: Jacques Vicard
NAME: Vouvray
                 "Clos Martin"

VINTAGE	PRICE
1977	$5.00 − 6.00
1976	4.50 − 5.50
1975	4.50 − 5.50

THE RHÔNE VALLEY

 The wines of the Rhône Valley draw their distinctive character from the sun-baked cliffs of the region. Although Rhône wines take time to develop properly, their aging capabilities are excellent. Though it seems many wine consumers think only of laying away more illustrious and expensive wines, the best red wines of the Rhône Valley require ten years and more bottle-age to be fully appreciated.

Châteauneuf-du-Pape is the best known of the Rhône wines. This cardinal-red wine derives its name from the Middle Ages when the French popes had their seat in Avignon. Today, the ruins of the papal summer residence, the "new castle of the pope," rises out of the vineyards. Unlike most of the region's wines, which are usually pressed from a single grape variety, Châteauneuf-du-Pape can utilize up to thirteen varieties.

Hermitage is the other, and many feel greater, Rhône Valley red. Made primarily from the Syrah grape (the principal Rhône variety), it requires many years of bottle-age to achieve the iris-scented bouquet, great depth, and robust character so admired by connoisseurs. Côte-Rôtie ("Roasted Slope"), also made from the Syrah, reaches maturity in casks. Once bottled, the deep purple color of this earthy wine gradually changes to a brilliant orange-brown with age.

The Rhône Valley also has its famous whites. The Hermitage and Croze-Hermitage whites share the tasting qualities of the reds, and are among the longest-lived of all dry wines. Certainly the most respected of the region's white wines is the rare Château Grillet, made from the Viognier grape in Condrieu. As its production is limited to a four acre vineyard it is seldom seen abroad.

When shopping for Rhône wines look for the best. Prices for the finest in no way approach the fetching price of their Bordeaux and Burgundy cousins. Happily, since Rhône wines are not currently in the wine-consumers' spotlight, prices have remained relatively steady. Though older Rhône vintages are not often seen in U.S. stores, the best Rhône wines age as well as the great Burgundies. And they increase in value and taste with the years.

PRODUCER: M. Chapoutier S.A.
NAME: Châteauneuf-du-Pape
"La Bernardine'

PRODUCER: Château de Beaucastel
NAME: Châteauneuf-du-Pape

VINTAGE	PRICE
1976	$11.00 — 13.00
1975	7.00 — 8.50
1974	7.50 — 9.00
1973	8.00 — 9.50
1972	8.50 — 10.00
1971	9.00 — 10.50
1970	9.50 — 11.00
1967	10.00 — 12.00
1966	11.00 — 13.00
1964	13.00 — 15.00

VINTAGE	PRICE
1976	$ 9.00 — 10.50
1975	8.00 — 9.50
1974	8.50 — 10.00
1973	9.00 — 10.50
1972	9.50 — 11.00
1971	10.00 — 12.00
1970	10.50 — 12.50
1969	11.00 — 13.00
1967	12.00 — 14.00
1966	14.00 — 16.00
1964	15.00 — 17.50
1962	15.50 — 18.50
1961	18.00 — 21.00

PRODUCER: Château de la Gardine

NAME: Châteauneuf-du-Pape

VINTAGE	PRICE
1976	$ 9.00 − 10.50
1975	7.50 − 9.00
1974	8.00 − 9.50
1973	9.00 − 10.50
1972	9.50 − 11.00
1971	10.00 − 12.00
1970	11.00 − 13.00
1969	13.00 − 15.00
1967	14.00 − 16.00
1966	16.00 − 19.00

PRODUCER: Château La Nerte

NAME: Châteauneuf-du-Pape

VINTAGE	PRICE
1976	$ 9.50 − 11.00
1975	7.00 − 8.50
1974	8.00 − 9.50
1973	8.50 − 10.00
1972	9.00 − 10.50
1971	9.50 − 11.00
1970	10.00 − 12.00
1969	10.50 − 12.50
1967	12.50 − 14.50
1966	14.00 − 16.00

PRODUCER:	Château Fortia
NAME:	Châteauneuf-du-Pape

VINTAGE	PRICE
1976	$ 9.50 – 11.50
1975	7.00 – 8.50
1974	7.50 – 9.00
1973	8.00 – 9.50
1972	8.50 – 10.00
1971	9.00 – 10.50
1970	9.50 – 11.50
1969	10.50 – 12.50
1967	11.50 – 13.50
1966	13.50 – 15.50
1964	15.00 – 18.00

PRODUCER:	Clos de l'Oratoire des Papes
NAME:	Châteauneuf-du-Pape

VINTAGE	PRICE
1976	$ 8.50 – 10.00
1975	7.00 – 8.50
1974	8.00 – 9.50
1973	8.00 – 9.50
1972	8.50 – 10.00
1971	9.00 – 10.50
1970	9.50 – 11.00
1969	10.00 – 12.00
1967	11.00 – 13.00

PRODUCER:	Domaine de Beaurenard	PRODUCER:	Domaine de Mont-Redon
NAME:	Châteauneuf-du-Pape	NAME:	Châteauneuf-du-Pape

VINTAGE	PRICE	VINTAGE	PRICE
1976	$ 9.00 − 10.50	1976	$ 9.00 − 10.50
1975	7.00 − 8.50	1975	7.00 − 8.50
1974	7.50 − 9.00	1974	7.50 − 9.00
1973	8.50 − 10.00	1973	8.00 − 9.50
1972	9.00 − 10.50	1972	8.50 − 10.00
1971	9.50 − 11.00	1971	9.00 − 10.50
1970	10.00 − 12.00	1970	9.50 − 11.50
1969	11.00 − 13.00	1969	10.50 − 12.50
1967	12.50 − 14.50	1967	12.00 − 14.00
1966	15.00 − 18.00	1966	13.00 − 15.00
1964	16.50 − 19.50	1964	15.00 − 17.50
		1962	16.00 − 19.00

PRODUCER:	Domaine du Père Caboche	**PRODUCER:**	Domaine de la Solitude
NAME:	Châteauneuf-du-Pape	**NAME:**	Châteauneuf-du-Pape

VINTAGE	PRICE	VINTAGE	PRICE
1976	$ 7.00 – 8.50	1976	$ 9.00 – 10.50
1975	7.00 – 8.50	1975	7.00 – 8.50
1974	7.00 – 8.50	1974	7.50 – 9.00
1973	7.00 – 8.50	1973	8.50 – 10.00
1972	8.00 – 9.50	1972	9.00 – 10.50
1971	9.00 – 10.50	1971	9.50 – 11.00
1970	9.50 – 11.00	1970	10.00 – 12.00
1969	10.00 – 12.00	1969	11.00 – 13.00
1967	11.50 – 13.50	1967	12.50 – 14.50
1966	14.00 – 16.00	1966	15.00 – 18.00
		1964	16.50 – 19.50

PRODUCER: Ozier Fils

NAME: Châteauneuf-du-Pape

VINTAGE	PRICE
1977	$ 8.00 — 9.50
1976	9.00 — 10.50
1975	7.00 — 8.50
1974	8.00 — 9.50
1973	9.50 — 11.00
1972	10.00 — 12.00
1971	10.00 — 12.00
1970	10.50 — 12.50
1969	11.00 — 13.00
1967	12.50 — 14.50
1966	13.50 — 15.50
1964	15.00 — 17.50

PRODUCER: Paul Jaboulet Aîné
NAME: Châteauneuf-du-Pape
"Les Cèdres"

VINTAGE	PRICE
1976	$10.00 — 12.00
1975	7.00 — 8.50
1974	7.50 — 9.00
1973	8.00 — 9.50
1972	8.50 — 10.00
1971	9.00 — 10.50
1970	9.50 — 11.00
1969	10.00 — 12.00
1967	15.50 — 18.50
1966	16.50 — 19.50

PRODUCER: M. Chapoutier S.A.
NAME: Côte-Rôtie

PRODUCER: Ozier Fils
NAME: Côte-Rôtie

VINTAGE	PRICE
1976	$12.00 – 14.00
1975	10.00 – 12.00
1974	10.50 – 12.50
1973	11.00 – 13.00
1972	12.00 – 14.00
1971	13.50 – 15.50
1970	14.00 – 16.50
1969	15.50 – 18.00
1967	16.50 – 19.50
1966	17.50 – 20.50
1964	19.00 – 22.00
1962	20.50 – 23.50
1961	22.50 – 26.50
1959	24.50 – 29.00

VINTAGE	PRICE
1976	$ 9.00 – 10.50
1975	9.50 – 11.00
1974	10.00 – 12.00
1973	10.00 – 12.00
1972	11.50 – 13.50
1971	13.00 – 15.00
1970	13.50 – 15.50
1969	15.00 – 17.50
1967	16.00 – 19.00
1966	17.50 – 20.50
1964	18.50 – 21.50
1962	19.50 – 22.50
1961	20.50 – 24.00
1959	22.50 – 26.50

PRODUCER:	A. Rochette & Cie.	PRODUCER:	M. Chapoutier S.A.
NAME:	Côte-Rôtie	NAME:	Hermitage
			"M. de la Sizeranne"

VINTAGE	PRICE	VINTAGE	PRICE
1976	$11.00 − 13.00	1976	$11.00 − 13.00
1975	10.50 − 12.50	1975	7.00 − 8.50
1974	11.50 − 13.50	1974	7.50 − 9.00
1973	12.00 − 14.00	1973	8.00 − 9.50
1972	12.50 − 14.50	1972	8.50 − 10.00
1971	13.50 − 15.50	1971	9.50 − 11.00
1970	14.00 − 16.50	1970	10.00 − 12.00
1969	15.00 − 17.50	1969	11.00 − 13.00
1967	15.50 − 18.50	1967	12.00 − 14.00
1966	16.50 − 19.50	1966	13.00 − 15.00
1964	18.00 − 21.00	1964	14.00 − 16.00
1962	19.50 − 22.50	1962	15.00 − 18.00
1961	21.00 − 24.50	1961	17.00 − 20.00
1959	23.00 − 27.00	1959	19.50 − 22.50

PRODUCER:	M. Chapoutier S.A.		**PRODUCER:**	Delas Frères
NAME:	Crozes-Hermitage		**NAME:**	Hermitage
	"Les Meysonniers"			"Saint-Christophe"

VINTAGE	PRICE	VINTAGE	PRICE
1976	$ 8.00 — 9.50	1976	$ 9.50 — 11.00
1975	5.00 — 6.00	1975	7.00 — 8.50
1974	6.00 — 7.00	1974	7.50 — 9.00
1973	6.50 — 7.50	1973	9.00 — 10.50
1972	7.00 — 8.00	1972	9.50 — 11.00
1971	7.50 — 9.00	1971	10.00 — 12.00
1970	7.50 — 9.00	1970	11.00 — 13.00
1969	8.50 — 10.00	1969	12.00 — 14.00
1967	9.50 — 11.50	1967	13.00 — 15.00
1966	10.00 — 12.00	1966	14.00 — 16.00
1964	11.00 — 13.00	1964	15.00 — 18.00
1962	12.50 — 14.50	1962	16.50 — 19.50
1961	13.50 — 15.50	1961	18.00 — 21.00
1959	14.00 — 17.00	1959	20.50 — 23.50

PRODUCER:	Ozier Fils
NAME:	Hermitage

PRODUCER:	Paul Jaboulet Aîné
NAME:	Hermitage "La Chapelle"

VINTAGE	PRICE
1976	$ 9.50 − 11.00
1975	7.50 − 9.00
1974	8.00 − 9.50
1973	8.50 − 10.00
1972	9.50 − 11.00
1971	9.50 − 11.00
1970	10.00 − 12.00
1969	10.50 − 12.50
1967	12.00 − 14.00
1966	13.00 − 15.00
1964	15.00 − 17.50
1962	16.00 − 19.00
1961	18.00 − 21.00
1959	20.50 − 23.50

VINTAGE	PRICE
1977	$10.00 − 12.00
1976	9.50 − 11.00
1975	7.00 − 8.50
1974	8.00 − 9.50
1973	8.50 − 10.00
1972	9.50 − 11.00
1971	10.00 − 12.00
1970	10.50 − 12.50
1969	11.00 − 13.00
1967	11.50 − 13.50
1966	12.50 − 14.50
1964	13.50 − 15.50
1962	15.00 − 17.50
1961	16.50 − 19.50
1959	19.00 − 22.00

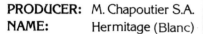

PRODUCER:	M. Chapoutier S.A.
NAME:	Hermitage (Blanc)
	"Chante-Alouette"

VINTAGE	PRICE
1976	$12.00 – 14.00
1975	7.50 – 9.00
1974	7.50 – 9.00
1973	8.00 – 9.50
1972	8.50 – 10.00
1971	9.50 – 11.00
1970	10.00 – 12.00
1969	11.00 – 13.00
1967	12.00 – 14.00
1966	14.00 – 16.00

PRODUCER:	M. Chapoutier S.A.
NAME:	Hermitage (Blanc)
	"Mure de Larnage"

VINTAGE	PRICE
1976	$12.00 – 14.00
1975	7.00 – 8.50
1974	7.50 – 9.00
1973	8.00 – 9.50
1972	8.50 – 10.00
1971	9.50 – 11.00
1970	10.00 – 12.00
1969	11.00 – 13.00
1967	12.50 – 14.50
1966	13.50 – 15.50

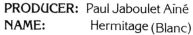

PRODUCER:	Paul Jaboulet Aîné
NAME:	Hermitage (Blanc) "Le Chevalier de Sterimberg"

VINTAGE	PRICE
1976	$ 9.00 – 10.50
1975	7.00 – 8.50
1974	7.50 – 9.00
1973	8.50 – 10.00
1972	9.50 – 11.00
1971	10.00 – 12.00
1970	11.00 – 13.00
1969	12.50 – 14.50
1967	13.50 – 15.50
1966	14.50 – 17.00
1964	16.50 – 19.50
1962	18.00 – 21.00

PRODUCER:	Château-Grillet
ORIGIN:	Condrieu

VINTAGE	PRICE
1976	$30.50 – 35.50
1975	25.50 – 30.00
1974	25.50 – 30.00
1973	24.00 – 28.00

ALSACE

 Alsace, located in the Vosges Mountains along the Rhine, is almost entirely a white-wine producing region. (An exception is Rosé d'Alsace of the Pinot Noir grape, which comes from a total of only three or four vineyards.) Though Alsatian whites share the character of the Rhine wines of Germany, they should not be regarded as imitations. Winemaking in Alsace dates back to Roman times and vinification methods, though modern, are the result of a long and distinguished history. Essentially, Alsatian wines are drier than their German cousins since they are completely fermented, eliminating any residual sugar. This makes them a good accompaniment to food.

Contrary to the rule throughout the rest of France, Alsatian wines are known by their varietal name. Though wines bearing the phrase *Vins d'Alsace* may come from nearly every part of the region, many of the best wines do carry either a specific vineyard or village name; Riquewihr and Eguisheim are two of the more famous. Such "site" designations are strictly controlled and only producers with a long-standing presence in a particular area can legally claim its name.

Gewürztraminer is considered the typical Alsatian grape. Noted for its "spicy" flavor and distinctive bouquet, sometimes considered too pronounced, many examples do achieve great finesse.

The best wines of Alsace, however, are derived from the Riesling grape, the region's most ancient and highly regarded species. They are dry and fruity and can develop a remarkable intensity with some aging.

Less known than either the Riesling or Gewürztraminer wines, Alsatian Muscat is drier than Muscat produced in other regions. Sylvaner is the fourth principal wine of Alsace; though the grape is not generally classed among the noble varieties, it is a fine modest wine.

Usually bottled within twelve months after harvest, most Alsatian wines improve only for a few years. Most should be consumed within six years of their vintage date, though there has been a move since the 1960's toward late harvesting, resulting in longer-lasting wines.

Look for wines labeled Réserve or Grand Cru; they must contain a natural sugar level of a least 11 percent, an indication of superior wine. Also, labels with site designations are a sign of more selected wine. Prices do vary somewhat from vintage to vintage, but overall they have not increased appreciably in the last ten years. Considering their enjoyable taste, and attractive price, Alsatian wines shipped in traditional green-fluted bottles merit their popularity within France and abroad.

PRODUCER:	Dopff
NAME:	Gewürztraminer Réserve "Diamond Label"

VINTAGE	PRICE
1977	$6.50 — 7.50
1976	6.50 — 7.50
1975	6.50 — 7.50
1974	6.00 — 7.00
1973	6.00 — 7.00
1972	5.50 — 6.50
1971	6.50 — 7.50

JOSMEYER
GEWÜRZ-
TRAMINER

PRODUCER:	Jos. Meyer et Fils
NAME:	Gewürztraminer "Cuvée Réservée"

VINTAGE	PRICE
1977	$6.50 — 7.50
1976	6.00 — 7.00
1975	5.50 — 6.50
1974	5.50 — 6.50
1973	5.00 — 6.00
1972	5.00 — 6.00
1971	6.50 — 7.50

PRODUCER:	Hugel et Fils
NAME:	Gewürztraminer "Réserve Personnelle"

VINTAGE	PRICE
1977	$15.50 — 18.50
1976	14.50 — 17.00
1975	13.50 — 15.50
1974	13.50 — 15.50
1973	13.00 — 15.00
1972	13.00 — 15.00
1971	15.50 — 18.50

PRODUCER:	Léon Beyer
NAME:	Gewürztraminer "Cuvée des Comtes d'Eguisheim"

VINTAGE	PRICE
1977	$11.50 — 13.50
1976	10.50 — 12.50
1975	10.00 — 12.00
1974	10.00 — 12.00
1973	9.50 — 11.50
1972	9.50 — 11.50
1971	11.50 — 13.50

| PRODUCER: | Preiss-Henny |
| NAME: | Gewürztraminer |

VINTAGE	PRICE
1977	$6.50 — 7.50
1976	6.50 — 7.50
1975	6.50 — 7.50
1974	6.00 — 7.00
1973	6.00 — 7.00
1972	6.00 — 7.00
1971	6.50 — 7.50

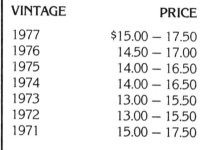

PRODUCER:	A. Willm
NAME:	Gewürztraminer
	"Clos Gaensbroennel Willm"

VINTAGE	PRICE
1977	$15.00 — 17.50
1976	14.50 — 17.00
1975	14.00 — 16.50
1974	14.00 — 16.50
1973	13.00 — 15.50
1972	13.00 — 15.50
1971	15.00 — 17.50

PRODUCER:	F.E. Trimbach
NAME:	Gewürztraminer
	"Cuvée des Seigneurs
	de Ribeaupierre"

VINTAGE	PRICE
1977	$10.00 — 12.00
1976	9.50 — 11.00
1975	9.50 — 11.00
1974	9.00 — 10.50
1973	8.50 — 10.00
1972	8.50 — 10.00
1971	10.00 — 12.00

| PRODUCER: | Léon Beyer |
| NAME: | Muscat Réserve |

VINTAGE	PRICE
1977	$9.00 — 10.50
1976	8.00 — 9.50
1975	8.00 — 9.50
1974	8.00 — 9.50
1973	7.50 — 9.00
1972	7.50 — 9.00
1971	9.00 — 10.50

| PRODUCER: | Jérôme Lorentz |
| NAME: | Pinot Rosé d'Alsace |

PRODUCER:	Hugel et Fils
NAME:	Riesling
	"Réserve Exceptionelle"

VINTAGE	PRICE
1977	$6.50 − 7.50
1976	6.00 − 7.00
1975	6.00 − 7.00
1974	5.50 − 6.50
1973	5.00 − 6.00
1972	5.00 − 6.00
1971	6.50 − 7.50

VINTAGE	PRICE
1977	$16.50 − 19.50
1976	15.00 − 18.00
1975	15.00 − 18.00
1974	14.50 − 17.00
1973	14.00 − 16.50
1972	14.00 − 16.50
1971	16.00 − 19.00

PRODUCER:	Dopff
NAME:	Riesling
	"Dopff Schoenenburg"

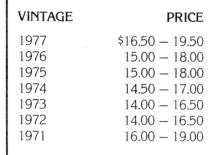

PRODUCER:	Léon Beyer
NAME:	Riesling
	"Cuvée Particulière"

VINTAGE	PRICE
1977	$7.00 − 8.50
1976	7.00 − 8.50
1975	7.00 − 8.50
1974	7.00 − 8.50
1973	6.50 − 7.50
1972	6.00 − 7.00
1971	7.00 − 8.50

VINTAGE	PRICE
1977	$11.50 − 13.50
1976	10.50 − 12.50
1975	10.00 − 12.00
1974	10.00 − 12.00
1973	9.50 − 11.50
1972	9.50 − 11.50
1971	11.50 − 13.50

PRODUCER:	F.E. Trimbach
NAME:	Riesling
	"Clos Sainte Hune"

VINTAGE	PRICE
1977	$14.50 − 17.00
1976	14.00 − 16.00
1975	13.00 − 15.00
1974	12.50 − 14.50
1973	12.50 − 14.50
1972	11.50 − 13.50
1971	14.50 − 17.00

| PRODUCER: | Dopff & Irion |
| NAME: | Sylvaner |

VINTAGE	PRICE
1977	$5.00 − 6.00
1976	5.00 − 6.00
1975	5.00 − 6.00
1974	4.00 − 5.00
1973	4.00 − 5.00
1972	4.00 − 5.00
1971	5.00 − 6.00

PRODUCER:	A. Willm
NAME:	Riesling
	"Grande Réserve
	Exceptionnelle"

VINTAGE	PRICE
1977	$12.50 − 14.50
1976	12.00 − 14.00
1975	12.00 − 14.00
1974	11.00 − 13.00
1973	11.00 − 13.00
1972	11.00 − 13.00
1971	12.50 − 14.50

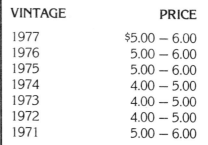

| PRODUCER: | Léon Beyer |
| NAME: | Tokay d'Alsace |

VINTAGE	PRICE
1977	$6.00 − 7.00
1976	6.00 − 7.00
1975	6.00 − 7.00
1974	5.50 − 6.50
1973	5.50 − 6.50
1972	5.50 − 6.50
1971	6.00 − 7.00

THE GERMAN RIESLINGS

Wine production is not easy for the Germans. In the steep vineyards of Mosel, workers often have to be secured by ropes to prevent sliding down the slopes. After heavy rains, the same workers must climb down the hills, retrieve washed-away soil, and carry it back up. Also, because of Germany's location, weather is unpredictable. Vines can be planted only on sunny south and west slopes, and frost can necessitate the making of Eiswein, wine made from frozen grapes—the ingenious local solution to a nearly-ruined harvest.

Yet German vintners have persevered, and for their efforts they are recognized as perhaps the best white-wine producers in the world. The reputation is doubly impressive because it means sacrificing quantity to quality. The best regions are planted primarily with the Riesling grape, the source of all their great whites; but Riesling vines have a poor yield, made poorer by the ripening, drying, and selecting processes required for the finest wines. Trockenbeerenauslesen wines, for example, sell for up to 20 times the price for ordinary wines from the same vineyard, yet the winemakers often lose money on them. To make them, grapes must be left on the vines until late autumn, hoping for "noble rot," risking destruction by frost. Even if all goes well, the grapes at harvest are dry as raisins and contain only about a tenth of their normal juice.

The quality, however, is worth the effort. Since 1971, when Germany standardized its labeling, the wines are also easy to buy. The best are all designated *Qualitätswein mit Prädikat*, or "Quality Wine with Special Attribute," and must give some indication of their origin—Mosel-Saar-Ruwer, Rheingau, Rheinhessen, etc. As with French wine, look for specific designations, especially estate bottling *(Erzeugerabfüllung, Aus eigenem Lesegut,* or *Original abfüllung).* Most important, however, are the "special attributes" themselves. Based on the *Oechsle* (sweetness) scale, these are Kabinett (the driest), Spätlese (late-picked), Auslese (selected), Beerenauslese (selected berries), and Trockenbeerenauslese (selected dry berries—very sweet). By regulation, alcohol content and sweetness must be natural, so vintages make real differences. The top wines of good vintages will last well over a decade, their individually selected grapes and careful vinification assuring incomparable flavor and bouquet.

To the average wine buyer the great Beerenauslesen and Trockenbeerenauslesen wines may seem expensive. In fact, however, they represent one of the best buys in wine today. Limited in quantity and extremely costly to make, they may even be undervalued in a market where the overwhelming demand is for dry wine. As true wine lovers know, the world's finest sweet whites are worth every penny; and laying them down is a solid investment, certain to appreciate with time.

PRODUCER:	Joh. Jos. Prüm
NAME:	Bernkasteler Badstube
ORIGIN:	Mosel

PRODUCER:	Wwe. Dr. H. Thanisch
NAME:	Bernkasteler Badstube
ORIGIN:	Mosel

VINTAGE	PRICE
Kabinett	
1977	$ 6.50 — 7.50
1976	7.00 — 8.50
1975	7.00 — 8.50
1973	5.50 — 6.50
1971	7.00 — 8.50
1970	3.50 — 4.50
Spätlese	
1976	9.00 — 10.50
1975	8.00 — 9.50
1973	7.00 — 8.50
1971	7.00 — 8.50
Auslese	
1976	10.50 — 12.50
1975	9.50 — 11.50
1971	10.00 — 12.00
Auslese Eiswein	
1975	54.00 — 63.00

VINTAGE	PRICE
Kabinett	
1977	$6.00 — 7.00
1976	6.00 — 7.00
1975	5.50 — 6.50
1973	4.00 — 5.00
1971	6.00 — 7.00
Spätlese	
1976	7.50 — 9.00
1975	7.00 — 8.50
1971	7.50 — 9.00
1970	4.50 — 5.50
Auslese	
1976	8.50 — 10.00
1975	8.00 — 9.50
1971	8.50 — 10.00

PRODUCER:	Deinhard & Co.
NAME:	Bernkasteler Doktor
ORIGIN:	Mosel

VINTAGE		PRICE
Kabinett		
1977	$ 15.00 —	18.00
1976	16.00 —	19.00
1975	15.00 —	18.00
1973	12.50 —	14.50
1971	15.00 —	18.00
Spätlese		
1976	28.00 —	32.50
1975	24.50 —	28.50
1973	18.00 —	21.00
1971	27.00 —	31.50
Auslese		
1976	34.50 —	40.00
1975	31.50 —	37.00
1971	32.50 —	38.00
Beerenauslese		
1971	81.00 —	94.50
1959	103.50 —	120.00

PRODUCER:	Wwe. Dr. H. Thanisch
NAME:	Bernkasteler Doktor
ORIGIN:	Mosel

VINTAGE		PRICE
Kabinett		
1977	$ 18.00 —	21.00
1971	18.00 —	21.00
1970	10.50 —	12.50
Spätlese		
1976	28.00 —	32.50
1975	26.00 —	30.50
1971	27.00 —	31.50
Auslese		
1976	33.50 —	39.00
1975	29.50 —	34.00
1971	31.50 —	37.00
Beerenauslese		
1976	112.50 —	131.00
Trockenbeerenauslese		
1976	337.50 —	394.00
Auslese Eiswein		
1975	112.50 —	131.00
1971	225.00 —	262.50

PRODUCER: Wwe. Dr. H. Thanisch	**PRODUCER:** Wwe. Dr. H. Thanisch
NAME: Bernkasteler Graben	**NAME:** Bernkasteler Lay
ORIGIN: Mosel	**ORIGIN:** Mosel

VINTAGE	PRICE	VINTAGE	PRICE
Kabinett		Kabinett	
1977	$ 7.50 − 9.00	1977	$ 7.00 − 8.50
1976	7.00 − 8.50	1976	7.50 − 9.00
1975	7.00 − 8.50	1975	7.00 − 8.50
1973	6.00 − 7.00	1973	6.00 − 7.00
1971	7.00 − 8.50	1971	7.00 − 8.50
		1970	4.00 − 5.00
Spätlese			
1976	9.50 − 11.00	Spätlese	
1975	8.50 − 10.00	1976	9.50 − 11.50
1971	9.00 − 10.50	1975	9.00 − 10.50
		1971	9.00 − 10.50
Auslese			
1976	13.00 − 15.00	Auslese	
1975	10.50 − 12.50	1976	11.50 − 13.50
1971	11.00 − 13.00	1975	10.50 − 12.50
		1971	11.00 − 13.00

PRODUCER:	Von Schorlemer	
NAME:	Brauneberger-Juffer	
ORIGIN:	Mosel	

PRODUCER:	Wwe. Dr. H. Thanisch
NAME:	Brauneberger-Juffer-
	Sonnenuhr
ORIGIN:	Mosel

VINTAGE	PRICE
Kabinett	
1977	$ 6.50 — 8.00
1976	7.00 — 8.50
1975	6.50 — 8.00
1973	6.00 — 7.00
1971	7.00 — 8.50
1970	3.50 — 4.50
Spätlese	
1976	8.50 — 10.00
1975	7.50 — 9.00
1973	6.00 — 7.00
1971	8.00 — 9.50
1970	4.50 — 5.50
Auslese	
1976	10.50 — 12.50
1975	9.50 — 11.50
1971	10.50 — 12.50
Trockenbeerenauslese	
1971	40.50 — 47.50

VINTAGE	PRICE
Kabinett	
1977	$ 6.50 — 7.50
1976	7.00 — 8.00
1975	6.50 — 7.50
Spätlese	
1976	10.00 — 12.00
1975	9.50 — 11.00
Auslese	
1976	15.00 — 17.50
1975	14.00 — 16.50

PRODUCER:	Ewald Pfeiffer	PRODUCER:	Joh. Jos. Prüm
NAME:	Erdener Treppchen	NAME:	Graacher Himmelreich
ORIGIN:	Mosel	ORIGIN:	Mosel

VINTAGE	PRICE	VINTAGE	PRICE
Kabinett		**Kabinett**	
1977	$ 6.50 — 7.50	1977	$ 7.00 — 8.50
1976	7.00 — 8.50	1976	7.50 — 9.00
1975	6.50 — 7.50	1975	7.00 — 8.50
1973	5.00 — 6.00	1973	5.50 — 6.50
1971	7.00 — 8.50	1971	8.00 — 9.50
		1970	5.00 — 6.00
Spätlese			
1976	7.50 — 9.00	**Spätlese**	
1975	7.00 — 8.50	1976	10.50 — 12.50
1973	6.00 — 7.00	1975	9.50 — 11.50
1971	8.00 — 9.50	1971	12.00 — 14.00
Auslese		**Auslese**	
1976	10.00 — 12.00	1976	15.50 — 18.50
1975	9.50 — 11.50	1975	14.50 — 17.00
1971	11.00 — 13.00	1971	18.50 — 21.50
Beerenauslese		**Trockenbeerenauslese**	
1976	36.00 — 42.00	1971	157.50 — 184.00

PRODUCER: Wwe. Dr. H. Thanisch
NAME: Graacher Himmelreich
ORIGIN: Mosel

VINTAGE	PRICE
Kabinett	
1977	$ 6.00 — 7.00
1976	7.00 — 8.50
1975	7.00 — 8.50
1971	7.50 — 9.00
1970	5.50 — 6.50
Spätlese	
1976	10.00 — 12.00
1975	9.50 — 11.50
1971	9.50 — 11.50
Auslese	
1976	12.50 — 14.50
1975	11.00 — 13.00
1971	13.50 — 15.50

PRODUCER: Reichsgraf von
                  Kesselstatt
NAME: Josephshöfer
ORIGIN: Mosel

VINTAGE	PRICE
Kabinett	
1977	$ 5.50 — 6.50
1976	6.50 — 7.50
1975	6.00 — 7.00
1973	3.50 — 4.50
1971	6.50 — 7.50
1970	3.50 — 4.50
Spätlese	
1976	9.00 — 10.50
1975	8.00 — 9.50
1973	7.00 — 8.00
1971	9.00 — 10.50
Auslese	
1976	14.00 — 16.00
1975	9.50 — 11.50
1971	12.50 — 14.50
Beerenauslese	
1971	44.00 — 51.50

PRODUCER:	Max Ferd. Richter	PRODUCER:	Otto Dunweg
NAME:	Mülheimer	NAME:	Neumagener
	Helenenkloster		Rosengärtchen
ORIGIN:	Mosel	ORIGIN:	Mosel

VINTAGE	PRICE	VINTAGE	PRICE
Kabinett		**Kabinett**	
1977	$ 4.50 — 5.50	1977	$ 5.00 — 6.00
1976	5.00 — 6.00	1976	6.00 — 7.00
1975	4.50 — 5.50	1975	5.50 — 6.50
1973	3.00 — 4.00	1973	3.50 — 4.50
1971	5.50 — 6.50	1971	6.00 — 7.00
		1970	3.50 — 4.50
Spätlese			
1976	10.00 — 12.00	**Spätlese**	
1975	9.50 — 11.00	1976	7.00 — 8.50
1971	11.00 — 13.00	1975	7.00 — 8.50
		1973	5.50 — 6.50
Auslese		1971	7.00 — 8.50
1976	15.00 — 17.50		
1975	14.00 — 16.00	**Auslese**	
1971	15.50 — 18.50	1976	11.00 — 13.00
		1975	9.50 — 11.50
Auslese Eiswein		1971	11.00 — 13.00
1975	31.50 — 37.00		
		Beerenauslese	
		1971	63.00 — 73.50
		Beerenauslese Eiswein	
		1973	53.00 — 62.00

PRODUCER:	Lehnert-Matheus
NAME:	Piesporter Goldtröpfchen
ORIGIN:	Mosel

PRODUCER:	Reichsgraf von Kesselstatt
NAME:	Piesporter Goldtröpfchen
ORIGIN:	Mosel

VINTAGE	PRICE
Kabinett	
1977	$ 5.50 — 6.50
1976	6.00 — 7.00
1975	6.00 — 7.00
1973	3.50 — 4.50
1971	6.00 — 7.00
1970	3.50 — 4.50
Spätlese	
1976	8.50 — 10.00
1975	8.00 — 9.50
1973	5.50 — 6.50
1971	8.00 — 9.50
1970	5.50 — 6.50
Auslese	
1976	11.00 — 13.00
1975	10.00 — 12.00
1971	12.50 — 14.50
Beerenauslese	
1975	49.50 — 58.00

VINTAGE	PRICE
Kabinett	
1977	$ 5.50 — 6.50
1976	6.50 — 7.50
1975	5.50 — 6.50
1973	3.00 — 4.00
1971	6.00 — 7.00
1970	3.50 — 4.50
Spätlese	
1976	7.50 — 9.00
1975	7.00 — 8.50
1973	4.50 — 5.50
1971	7.00 — 8.50
Auslese	
1976	12.00 — 14.00
1975	11.00 — 13.00
1971	11.00 — 13.00

PRODUCER: Friedrich-Wilhelm-Gymnasium	**PRODUCER:** Bischöfliches Priesterseminar
NAME: Trittenheimer Altärchen	**NAME:** Urziger Würzgarten
ORIGIN: Mosel	**ORIGIN:** Mosel

VINTAGE	PRICE	VINTAGE	PRICE
Kabinett		**Kabinett**	
1977	$ 7.00 — 8.00	1977	$ 5.50 — 6.50
1976	7.50 — 9.00	1976	6.00 — 7.00
1975	7.00 — 8.00	1975	5.50 — 6.50
1973	3.50 — 4.50	1973	3.50 — 4.50
1971	7.00 — 8.00	1971	6.00 — 7.00
1970	3.50 — 4.50	1970	3.50 — 4.50
Spätlese		**Spätlese**	
1976	10.50 — 12.50	1976	9.50 — 11.00
1975	9.00 — 10.50	1975	8.50 — 10.00
1973	6.50 — 7.50	1973	4.50 — 5.50
1971	11.00 — 13.00	1971	9.50 — 11.00
1970	6.50 — 7.50	1970	5.50 — 6.50
Auslese		**Auslese**	
1976	13.00 — 15.00	1976	14.00 — 16.00
1975	11.00 — 13.00	1975	12.00 — 14.00
1971	13.00 — 15.00	1971	22.50 — 26.50
		Beerenauslese	
		1971	76.50 — 89.00

PRODUCER:	Joh. Jos. Prüm
NAME:	Wehlener Sonnenuhr
ORIGIN:	Mosel

PRODUCER:	Wwe. Dr. H. Thanisch
NAME:	Wehlener Sonnenuhr
ORIGIN:	Mosel

VINTAGE	PRICE
Kabinett	
1977	$ 7.00 — 8.50
1976	8.00 — 9.50
1975	7.50 — 9.00
1973	5.00 — 6.00
1971	8.00 — 9.50
1970	5.00 — 6.00
Spätlese	
1976	11.00 — 13.00
1975	10.00 — 12.00
1973	7.00 — 8.50
1971	12.00 — 14.00
1970	7.50 — 9.00
Auslese	
1976	17.00 — 20.00
1975	10.00 — 12.00
1971	18.50 — 21.50
1970	7.50 — 9.00
1969	22.50 — 26.50
Beerenauslese	
1976	153.00 — 178.50
1971	126.00 — 147.00

VINTAGE	PRICE
Kabinett	
1977	$ 7.50 — 9.00
1976	7.00 — 8.50
1975	7.00 — 8.50
1971	8.00 — 9.50
Spätlese	
1976	9.50 — 11.50
1975	8.50 — 10.00
1971	9.50 — 11.50
Auslese	
1976	13.00 — 15.00
1975	11.00 — 13.00
1971	13.50 — 15.50

PRODUCER:	Bischöfliches Konvikt	PRODUCER:	Bischöfliches Priesterseminar
NAME:	Ayler Kupp	NAME:	Canzemer Altenberg
ORIGIN:	Saar	ORIGIN:	Saar

VINTAGE	PRICE	VINTAGE	PRICE
Kabinett		**Kabinett**	
1977	$ 5.00 − 6.00	1977	$ 5.50 − 6.50
1976	5.50 − 6.50	1976	6.00 − 7.00
1975	5.00 − 6.00	1975	5.50 − 6.50
1973	3.00 − 4.00	1973	3.50 − 4.50
1971	6.00 − 7.00	1971	5.00 − 6.00
		1970	3.50 − 4.50
Spätlese			
1976	8.50 − 10.00	**Spätlese**	
1975	7.50 − 9.00	1976	9.00 − 10.50
1973	4.50 − 5.50	1975	8.00 − 9.50
1971	9.00 − 10.50	1973	5.50 − 6.50
		1971	9.50 − 11.50
Auslese		1970	5.50 − 6.50
1976	12.00 − 14.00		
1975	10.50 − 12.50	**Auslese**	
1971	12.50 − 14.50	1976	14.00 − 16.00
		1975	12.50 − 14.50
Beerenauslese		1971	14.50 − 17.00
1976	58.50 − 68.00		
1971	67.50 − 79.00	**Beerenauslese**	
		1976	67.50 − 79.00
Auslese Eiswein			
1975	54.00 − 63.00		

PRODUCER:	Reichsgraf von Kesselstatt
NAME:	Oberemmeler Scharzberg
ORIGIN:	Saar

VINTAGE	PRICE
Kabinett	
1977	$ 5.00 — 6.00
1976	5.50 — 6.50
1975	5.00 — 6.00
1973	3.00 — 4.00
1971	5.50 — 6.50
1970	3.50 — 4.50
Spätlese	
1976	7.50 — 9.00
1975	7.00 — 8.50
1973	4.00 — 5.00
1971	7.00 — 8.50
Auslese	
1976	9.00 — 10.50
1975	8.00 — 9.50
1971	9.00 — 10.50

PRODUCER:	Dr. Fischer
NAME:	Ockfener Bockstein
ORIGIN:	Saar

VINTAGE	PRICE
Kabinett	
1977	$ 5.50 — 6.50
1976	6.00 — 7.00
1975	6.00 — 7.00
1973	4.00 — 5.00
1971	6.00 — 7.00
1970	4.00 — 5.00
Spätlese	
1976	8.50 — 10.00
1975	8.00 — 9.50
1973	6.00 — 7.00
1971	8.50 — 10.00
Auslese	
1976	11.00 — 13.00
1975	10.00 — 12.00
1971	11.00 — 13.00
Beerenauslese	
1976	40.50 — 47.50

PRODUCER:	Egon Müller
NAME:	Scharzhofberger
ORIGIN:	Saar

PRODUCER:	Hohe Domkirche
NAME:	Scharzhofberger
ORIGIN:	Saar

VINTAGE	PRICE
Kabinett	
1977	$ 8.00 — 9.50
1976	9.50 — 11.50
1975	8.00 — 9.50
1971	10.50 — 12.50
1970	7.00 — 8.50
Spätlese	
1976	13.00 — 15.00
1975	12.50 — 14.50
1971	14.50 — 17.00
1970	8.50 — 10.00
Auslese	
1976	25.00 — 29.50
1975	20.50 — 24.00
1971	26.00 — 30.50
Beerenauslese	
1971	108.00 — 126.00
Trockenbeerenauslese	
1976	180.00 — 210.00

VINTAGE	PRICE
Kabinett	
1977	$ 5.50 — 6.50
1976	6.00 — 7.00
1975	5.50 — 6.50
1973	3.50 — 4.50
1971	6.50 — 7.50
Spätlese	
1976	7.50 — 9.00
1975	7.00 — 8.50
1971	9.00 — 10.50
Auslese	
1976	13.50 — 15.50
1975	12.00 — 14.00
1971	14.00 — 16.00
Beerenauslese	
1971	76.50 — 89.00

PRODUCER:	Staatlichen
	Weinbaudomänen
NAME:	Serriger Heiligenborn
ORIGIN:	Saar

VINTAGE	PRICE
Kabinett	
1977	$ 5.00 — 6.00
1976	5.50 — 6.50
1975	5.00 — 6.00
1973	3.00 — 4.00
1971	5.50 — 6.50
1970	3.50 — 4.50
Spätlese	
1976	7.00 — 8.00
1975	6.50 — 7.50
1973	4.00 — 5.00
1971	7.00 — 8.00
1970	4.00 — 5.00
Auslese	
1976	9.00 — 10.50
1975	8.50 — 10.00
1971	9.00 — 10.50
Trockenbeerenauslese	
1971	99.00 — 115.50

PRODUCER:	Staatlichen
	Weinbaudomänen
NAME:	Serriger Vogelsang
ORIGIN:	Saar

VINTAGE	PRICE
Kabinett	
1977	$4.50 — 5.50
1976	5.00 — 6.00
1975	4.50 — 5.50
1973	3.50 — 4.50
1971	5.50 — 6.50
Spätlese	
1976	7.00 — 8.00
1975	6.00 — 7.00
1971	7.00 — 8.00
1970	4.50 — 5.50
Auslese	
1976	7.50 — 9.00
1975	7.50 — 9.00
1971	8.50 — 10.00

PRODUCER:	Hohe Domkirche
NAME:	Avelsbacher Altenberg
ORIGIN:	Ruwer

VINTAGE	PRICE

Kabinett

1977	$ 4.50 – 5.50
1976	5.00 – 6.00
1975	4.50 – 5.50
1973	3.00 – 4.00
1971	5.00 – 6.00
1970	3.50 – 4.50

Spätlese

1976	8.50 – 10.00
1975	7.50 – 9.00
1973	4.50 – 5.50
1971	8.50 – 10.00
1970	5.50 – 6.50

Auslese

1976	10.50 – 12.50
1975	9.50 – 11.50
1971	16.00 – 19.00
1969	17.00 – 20.00

Beerenauslese

| 1971 | 72.00 – 84.00 |

PRODUCER:	Karthäuserhof
	Eitelsbach
NAME:	Eitelsbacher
	Karthauserhofberg Burgberg
ORIGIN:	Ruwer

VINTAGE	PRICE

Kabinett

1977	$ 6.50 – 8.00
1976	7.50 – 9.00
1975	7.00 – 8.50
1973	5.00 – 6.00
1971	6.50 – 8.00

Spätlese

1976	9.00 – 10.50
1975	8.50 – 10.00
1973	8.00 – 9.50
1971	8.50 – 10.00

Auslese

1976	12.00 – 14.00
1975	11.00 – 13.00
1971	12.00 – 14.00

Trockenbeerenauslese

| 1971 | 166.50 – 194.00 |

PRODUCER:	C. von Schubert	PRODUCER:	C. von Schubert
NAME:	Maximin Grünhäuser	NAME:	Maximin Grünhäuser
	Abtsberg		Herrenberg
ORIGIN:	Ruwer	ORIGIN:	Ruwer

VINTAGE	PRICE	VINTAGE	PRICE
Kabinett		Kabinett	
1977	$ 8.00 — 9.50	1977	$ 7.00 — 8.50
1976	9.00 — 10.50	1976	8.00 — 9.50
1975	8.00 — 9.50	1975	7.50 — 9.00
1973	7.00 — 8.00	1973	6.50 — 7.50
1971	8.00 — 9.50	1971	8.00 — 9.50
1970	7.00 — 8.00	1970	6.50 — 7.50
Spätlese		Spätlese	
1976	12.00 — 14.00	1976	11.00 — 13.00
1975	10.50 — 12.50	1975	9.50 — 11.50
1973	9.50 — 11.00	1973	7.50 — 9.00
1971	11.00 — 13.00	1971	11.00 — 13.00
Auslese		Auslese	
1976	15.50 — 18.50	1976	14.50 — 17.00
1975	13.50 — 15.50	1975	13.00 — 15.00
1971	14.50 — 17.00	1971	14.50 — 17.00
Beerenauslese		Beerenauslese	
1976	81.00 — 94.50	1976	67.50 — 79.00

PRODUCER: Gräf von Plettenberg		**PRODUCER:**	Staatlichen	
NAME:	Kreuznacher Brückes		Weinbaudomänen	
ORIGIN:	Nahe	**NAME:**	Schlossböckelheimer	
			Kupfergrube	
		ORIGIN:	Nahe	
VINTAGE	**PRICE**	**VINTAGE**	**PRICE**	

VINTAGE	PRICE		VINTAGE	PRICE
Kabinett			**Kabinett**	
1977	$5.00 − 6.00		1977	$ 4.50 − 5.50
1976	5.00 − 6.00		1976	5.00 − 6.00
1975	4.50 − 5.50		1975	4.50 − 5.50
1973	3.50 − 4.50		1973	3.00 − 4.00
1971	5.00 − 6.00		1971	5.50 − 6.50
1970	3.50 − 4.50		1970	3.50 − 4.50
Spätlese			**Spätlese**	
1976	6.50 − 7.50		1976	8.00 − 9.50
1975	6.00 − 7.00		1975	7.50 − 9.00
1973	4.00 − 5.00		1971	9.00 − 10.50
1971	6.50 − 7.50		1970	5.50 − 6.50
1970	4.00 − 5.00			
			Auslese	
Auslese			1976	13.50 − 15.50
1976	9.50 − 11.50		1975	11.00 − 13.00
1975	9.00 − 10.50		1971	14.00 − 16.00
1971	9.50 − 11.50			

PRODUCER:	Langwerth von Simmern
NAME:	Erbacher Marcobrunn
ORIGIN:	Rheingau

VINTAGE		PRICE
Kabinett		
1977	$ 6.50 —	7.50
1976	7.00 —	8.50
1975	6.50 —	7.50
1973	6.00 —	7.00
1971	7.00 —	8.50
Spätlese		
1976	11.00 —	13.00
1975	9.50 —	11.50
1973	8.00 —	9.50
1971	10.50 —	12.50
Auslese		
1976	19.00 —	22.00
1975	16.50 —	19.50
1971	17.00 —	20.00
Beerenauslese		
1971	63.00 —	73.50
Trockenbeerenauslese		
1971	108.00 —	126.00

PRODUCER:	Schloss Schönborn
NAME:	Erbacher Marcobrunn
ORIGIN:	Rheingau

VINTAGE		PRICE
Kabinett		
1977	$ 6.50 —	7.50
1976	7.00 —	8.50
1975	7.00 —	8.50
1973	5.50 —	6.50
1971	7.00 —	8.50
Spätlese		
1976	11.00 —	13.00
1975	10.00 —	12.00
1971	11.00 —	13.00
Auslese		
1976	18.50 —	21.50
1975	15.50 —	18.50
1971	16.00 —	19.00
Beerenauslese		
1976	39.50 —	46.00
1971	45.00 —	52.50

PRODUCER:	Staatsweingüter		**PRODUCER:**	Schloss Eltz
NAME:	Erbacher Marcobrunn		**NAME:**	Eltviller Langenstück
ORIGIN:	Rheingau		**ORIGIN:**	Rheingau

VINTAGE	PRICE		VINTAGE	PRICE
Kabinett			**Kabinett**	
1977	$ 6.50 — 7.50		1977	$ 5.00 — 6.00
1976	7.00 — 8.00		1976	5.50 — 6.50
1975	6.50 — 7.50		1975	5.00 — 6.00
1973	4.50 — 5.50		1973	3.50 — 4.50
1971	7.50 — 8.50		1971	6.00 — 7.00
1970	4.50 — 5.50		1970	4.00 — 5.00
Spätlese			**Spätlese**	
1976	11.00 — 13.00		1976	7.00 — 8.50
1975	10.00 — 12.00		1975	6.50 — 8.00
1973	8.00 — 9.00		1973	5.00 — 6.00
1971	11.00 — 13.00		1971	7.50 — 9.00
Auslese			**Auslese**	
1976	18.00 — 21.00		1976	14.50 — 17.00
1975	16.00 — 19.00		1975	14.00 — 16.00
1971	20.00 — 23.00		1971	15.50 — 18.50
Beerenauslese				
1971	63.00 — 73.50			
Trockenbeerenauslese				
1971	126.00 — 147.00			

PRODUCER:	Langwerth von Simmern	PRODUCER:	Schloss Eltz
NAME:	Eltviller Sonnenberg	NAME:	Eltviller Sonnenberg
ORIGIN:	Rheingau	ORIGIN:	Rheingau

VINTAGE	PRICE	VINTAGE	PRICE
Kabinett		**Kabinett**	
1977	$ 5.50 — 6.50	1977	$ 5.00 — 6.00
1976	6.00 — 7.00	1976	6.00 — 7.00
1975	5.50 — 6.50	1975	5.00 — 6.00
1973	3.50 — 4.50	1973	4.00 — 5.00
1971	5.50 — 6.50	1971	5.50 — 6.50
1970	3.50 — 4.50	1970	3.50 — 4.50
Spätlese		**Spätlese**	
1976	8.00 — 9.50	1976	7.50 — 9.00
1975	7.50 — 9.00	1975	7.00 — 8.50
1973	7.00 — 8.00	1973	6.50 — 7.50
1971	7.50 — 9.00	1971	7.50 — 9.00
Auslese		**Auslese**	
1976	15.00 — 17.50	1976	15.00 — 17.50
1975	13.50 — 15.50	1975	14.00 — 16.00
1971	15.00 — 17.50	1971	16.50 — 19.50
Beerenauslese		**Beerenauslese**	
1971	45.00 — 52.50	1976	40.50 — 47.50
		Trockenbeerenauslese	
		1971	108.00 — 126.00

PRODUCER: Schloss Schönborn		**PRODUCER:** Fürstlich Löwenstein
NAME: Geisenheimer Maüerchen		**NAME:** Hallgartener Schönhell
ORIGIN: Rheingau		**ORIGIN:** Rheingau

VINTAGE	PRICE	VINTAGE	PRICE
Kabinett		**Kabinett**	
1977	$ 6.50 − 7.50	1977	$ 6.00 − 7.00
1976	6.50 − 7.50	1976	6.00 − 7.00
1975	6.00 − 7.00	1975	5.50 − 6.50
1973	4.50 − 5.50	1973	3.50 − 4.50
1971	6.50 − 7.50	1971	5.50 − 6.50
1970	4.50 − 5.50	1970	3.50 − 4.50
Spätlese		**Spätlese**	
1976	8.00 − 9.50	1976	8.00 − 9.50
1975	7.50 − 9.00	1975	7.50 − 9.00
1973	7.00 − 8.00	1971	8.00 − 9.50
1971	8.00 − 9.50	1970	5.00 − 6.00
Auslese		**Auslese**	
1976	14.50 − 17.00	1976	14.00 − 16.00
1975	11.00 − 13.00	1975	13.00 − 15.00
1971	14.50 − 17.00	1971	14.50 − 17.00

PRODUCER:	Langwerth von Simmern		PRODUCER: Schloss Schonborn	
NAME:	Hattenheimer Nussbrunnen		NAME: Hochheimer Domdechaney	
ORIGIN:	Rheingau		ORIGIN: Rheingau	
VINTAGE		**PRICE**	**VINTAGE**	**PRICE**
Kabinett			Kabinett	
1977	$ 6.00 —	7.00	1977	$ 5.00 — 6.00
1976	7.00 —	8.00	1976	5.50 — 6.50
1975	6.00 —	7.00	1975	5.00 — 6.00
1973	4.50 —	5.50	1973	3.50 — 4.50
1971	6.50 —	7.50	1971	6.00 — 7.00
			1970	3.50 — 4.50
Spätlese				
1976	10.50 —	12.50	Spätlese	
1975	9.50 —	11.50	1976	9.00 — 10.50
1971	9.50 —	11.50	1975	8.50 — 10.00
			1973	6.50 — 7.50
Auslese			1971	9.00 — 10.50
1976	17.00 —	20.00		
1975	16.00 —	19.00	Auslese	
			1976	15.00 — 18.00
Beerenauslese			1975	14.00 — 16.50
1976	54.00 —	63.00	1971	15.00 — 18.00
1971	58.50 —	68.00		
			Beerenauslese	
Trockenbeerenauslese			1976	54.00 — 63.00
1976	90.00 —	105.00		
1971	108.00 —	126.00	Beerenauslese Eiswein	
			1971	94.50 — 110.00

PRODUCER:	Staatsweingüter	**PRODUCER:**		Landgräflich
NAME:	Hochheimer			Hessisches
	Domdechaney	**NAME:**	Johannisberger Klaus
ORIGIN:	Rheingau	**ORIGIN:**		Rheingau

VINTAGE	PRICE	VINTAGE		PRICE
Kabinett		**Kabinett**		
1977	$ 7.00 — 8.50	1977	$ 6.50 —	7.50
1976	7.50 — 9.00	1976	7.00 —	8.00
1975	7.00 — 8.50	1975	6.00 —	7.00
1973	6.00 — 7.00	1973	4.00 —	5.00
1971	7.00 — 8.50	1971	6.50 —	7.50
1970	5.00 — 6.00	1970	3.00 —	4.00
Spätlese		**Spätlese**		
1976	9.50 — 11.50	1976	8.00 —	9.50
1975	8.50 — 10.00	1975	7.50 —	9.00
1973	7.50 — 9.00	1971	7.50 —	9.00
1971	9.50 — 11.50	1970	5.50 —	6.50
Auslese		**Auslese**		
1976	19.00 — 22.00	1976	14.00 — 16.00
1975	17.00 — 20.00	1975	12.50 — 14.50
1971	18.00 — 21.00	1971	15.00 — 17.50
Auslese Eiswein		**Beerenauslese**		
1971	225.00 — 262.50	1969	40.50 — 47.50

PRODUCER:	Franz Winkel	PRODUCER:	Schloss Eltz
NAME:	Oestricher Lenchen	NAME:	Rauenthaler Baiken
ORIGIN:	Rheingau	ORIGIN:	Rheingau

VINTAGE	PRICE	VINTAGE	PRICE
Kabinett		Kabinett	
1977	$ 5.00 — 6.00	1977	$ 7.00 — 8.50
1976	5.50 — 6.50	1976	7.50 — 9.00
1975	5.00 — 6.00	1975	7.00 — 8.50
1973	3.00 — 4.00	1973	5.50 — 6.50
1971	5.50 — 6.50	1971	7.00 — 8.50
1970	3.00 — 4.00	1970	5.50 — 6.50
Spätlese		Spätlese	
1976	12.50 — 14.50	1976	13.00 — 15.00
1975	11.50 — 13.50	1975	12.00 — 14.00
1973	8.00 — 9.50	1973	7.50 — 9.00
1971	12.50 — 14.50	1971	12.00 — 14.00
1970	9.00 — 10.50	1970	8.00 — 9.50
Auslese		Auslese	
1976	27.00 — 31.50	1976	18.00 — 21.00
1975	18.00 — 21.00	1975	16.50 — 19.50
1971	27.00 — 31.50	1971	20.50 — 23.50
Beerenauslese			
1976	54.00 — 63.00		
1971	76.50 — 89.00		

PRODUCER:	Staatsweingüter
NAME:	Rauenthaler Baiken
ORIGIN:	Rheingau

VINTAGE	PRICE
Kabinett	
1977	$ 6.50 — 7.50
1976	7.00 — 8.50
1975	6.50 — 7.50
1973	4.50 — 5.50
1971	7.00 — 8.50
1970	4.50 — 5.50
Spätlese	
1976	13.50 — 15.50
1975	12.50 — 14.50
1973	8.50 — 10.00
1971	14.50 — 17.00
1970	9.50 — 11.50
Auslese	
1976	18.50 — 21.50
1975	15.00 — 18.00
1971	21.50 — 25.00
Beerenauslese	
1971	81.00 — 94.50
Trockenbeerenauslese	
1971	157.50 — 184.00

PRODUCER:	Langwerth von Simmern
NAME:	Rauenthaler Baiken
ORIGIN:	Rheingau

VINTAGE	PRICE
Kabinett	
1977	$ 7.00 — 8.50
1976	7.00 — 8.50
1975	6.50 — 7.50
1973	4.50 — 5.50
1971	7.00 — 8.50
1970	5.00 — 6.00
Spätlese	
1976	11.00 — 13.00
1975	10.00 — 12.00
1973	7.00 — 8.50
1971	12.50 — 14.50
Auslese	
1976	20.00 — 23.00
1975	18.00 — 21.00
1971	21.50 — 25.00
Beerenauslese	
1971	67.50 — 79.00
Trockenbeerenauslese	
1971	108.00 — 126.00

PRODUCER:	Staatsweingüter
NAME:	Rauenthaler Gehrn
ORIGIN:	Rheingau

VINTAGE	PRICE
Kabinett	
1977	$ 6.00 — 7.00
1976	7.00 — 8.00
1975	6.50 — 7.50
1973	3.50 — 4.50
1971	7.00 — 8.00
1970	4.00 — 5.00
Spätlese	
1976	10.00 — 12.00
1975	9.50 — 11.00
1973	7.00 — 8.00
1971	10.00 — 12.00
1970	7.50 — 9.00
Auslese	
1976	15.50 — 18.50
1975	15.00 — 17.50
1971	17.00 — 20.00
Beerenauslese	
1971	81.00 — 94.50

PRODUCER:	Schloss Groenesteyn
NAME:	Rüdesheimer Berg Rottland
ORIGIN:	Rheingau

VINTAGE	PRICE
Kabinett	
1977	$5.00 — 6.00
1976	6.00 — 7.00
1975	5.00 — 6.00
1973	3.50 — 4.50
1971	6.50 — 7.50
1970	4.00 — 5.00
Spätlese	
1976	7.00 — 8.00
1975	6.50 — 7.50
1973	4.50 — 5.50
1971	7.00 — 8.00
Auslese	
1976	9.50 — 11.50
1975	9.00 — 10.50
1971	9.50 — 11.50

| NAME: | Schloss Johannisberger | NAME: | Schloss Vollrads |
| ORIGIN: | Rheingau | ORIGIN: | Rheingau |

VINTAGE	PRICE	VINTAGE	PRICE
Kabinett		Kabinett Blue	
1977	$ 7.00 — 8.00	1977	$ 6.50 — 7.50
1976	8.50 — 10.00	1976	7.50 — 9.00
1975	8.00 — 9.50	1975	6.50 — 7.50
1973	6.50 — 7.50	1973	5.00 — 6.00
1971	8.50 — 10.00	1971	7.00 — 8.50
1970	7.00 — 8.00	1970	4.50 — 5.50
Spätlese		Spätlese Rose	
1976	10.50 — 12.50	1976	13.50 — 15.50
1975	9.50 — 11.50	1975	13.00 — 15.00
1973	7.50 — 9.00	1971	14.50 — 17.00
1971	12.50 — 14.50		
		Auslese White	
Auslese		1976	20.00 — 23.50
1976	21.50 — 25.00	1975	23.00 — 27.00
1975	19.00 — 22.00	1971	21.50 — 25.00
1971	23.50 — 27.50		
Beerenauslese			
1976	76.50 — 89.50		
Trockenbeerenauslese			
1976	180.00 — 210.00		

NAME:	Schloss Vollrads	PRODUCER:	Staatsweingüter
ORIGIN:	Rheingau	NAME:	Steinberger
		ORIGIN:	Rheingau

VINTAGE	PRICE	VINTAGE	PRICE
Kabinett Blue/Gold		**Kabinett**	
1977	$ 7.00 — 8.50	1977	$ 6.50 — 7.50
1976	8.00 — 9.50	1976	7.00 — 8.50
1975	7.00 — 8.50	1975	6.50 — 7.50
1973	5.50 — 6.50	1973	4.50 — ˙5.50
1971	7.50 — 9.00	1971	7.00 — 8.50
1970	5.50 — 6.50		
		Spätlese	
Spätlese Rose/Gold		1976	11.00 — 13.00
1976	15.00 — 18.00	1975	10.00 — 12.00
1975	14.00 — 16.50	1973	7.00 — 8.50
1971	16.50 — 19.50	1971	12.50 — 14.50
Auslese White/Gold		**Auslese**	
1976	27.50 — 32.00	1976	20.00 — 23.00
1975	29.00 — 33.50	1975	18.00 — 21.00
1971	31.50 — 36.50	1971	22.50 — 26.50
		1969	21.50 — 25.00
Beerenauslese Gold		1959	31.50 — 36.50
1976	99.00 — 115.50		
1934	270.00 — 315.00	**Beerenauslese**	
		1959	99.00 — 115.50
Trockenbeerenauslese Gold			
1976	171.00 — 199.50	**Trockenbeerenauslese**	
1971	198.00 — 231.00	1959	225.00 — 262.50

PRODUCER:	Reinhold Senfter
NAME:	Niersteiner Auflangen
ORIGIN:	Rheinhessen

VINTAGE	PRICE
Kabinett	
1977	$ 5.00 — 6.00
1976	5.50 — 6.50
1975	5.00 — 6.00
1973	3.50 — 4.50
1971	5.00 — 6.00
1970	3.50 — 4.50
Spätlese	
1976	7.00 — 8.00
1975	6.00 — 7.00
1973	5.00 — 6.00
1971	6.50 — 7.50
1970	4.50 — 5.50
Auslese	
1976	8.00 — 9.50
1975	7.50 — 9.00
·1971	8.50 — 10.00
Beerenauslese	
1976	27.00 — 31.50
Trockenbeerenauslese	
1971	72.00 — 84.00

PRODUCER:	Franz Karl Schmitt
NAME:	Niersteiner Olberg
ORIGIN:	Rheinhessen

VINTAGE	PRICE
Kabinett	
1977	$ 4.50 — 5.50
1976	5.00 — 6.00
1975	4.50 — 5.50
1973	3.00 — 4.00
1971	5.50 — 6.50
1970	3.50 — 4.50
Spätlese	
1976	7.00 — 8.50
1975	6.50 — 7.50
1971	7.00 — 8.50
Auslese	
1976	9.50 — 11.00
1975	9.00 — 10.50
1971	10.50 — 12.50

PRODUCER:	Reinhold Senfter
NAME:	Niersteiner Orbel
ORIGIN:	Rheinhessen

PRODUCER:	Dr. Bürklin-Wolf
NAME:	Deidesheimer
	Hohenmorgen
ORIGIN:	Rheinpfalz

VINTAGE	PRICE
Kabinett	
1977	$ 5.00 — 6.00
1976	5.50 — 6.50
1975	4.50 — 5.50
1973	3.00 — 4.00
1971	5.50 — 6.50
1970	3.50 — 4.50
Spätlese	
1976	6.50 — 7.50
1975	6.00 — 7.00
1973	4.50 — 5.50
1971	6.50 — 7.50
Auslese	
1976	8.00 — 9.50
1975	7.00 — 8.50
1971	9.50 — 11.50
Beerenauslese	
1976	22.50 — 26.50
Trockenbeerenauslese	
1971	67.50 — 79.00

VINTAGE	PRICE
Kabinett	
1977	$ 6.00 — 7.00
1976	7.00 — 8.00
1975	6.50 — 7.50
1973	4.50 — 5.50
1971	7.00 — 8.00
1970	4.00 — 5.00
Spätlese	
1976	9.00 — 10.50
1975	8.00 — 9.50
1973	5.50 — 6.50
1971	9.50 — 11.00
Auslese	
1976	13.50 — 15.50
1975	12.50 — 14.50
1971	13.50 — 15.50
1969	15.00 — 18.00

PRODUCER: Dr. von Bassermann-Jordan

NAME: Deidesheimer Paradiesgarten

ORIGIN: Rheinpfalz

VINTAGE	PRICE
Kabinett	
1977	$ 6.50 — 7.50
1976	7.00 — 8.50
1975	7.00 — 8.50
1973	4.50 — 5.50
1971	7.00 — 8.50
1970	4.00 — 5.00
Spätlese	
1976	9.50 — 11.00
1975	8.50 — 10.00
1973	7.00 — 8.50
1971	9.00 — 10.50
Auslese	
1976	15.00 — 17.50
1975	14.00 — 16.50
1971	14.50 — 17.00

PRODUCER: Dr. von Bassermann-Jordon

NAME: Forster Jesuitengarten

ORIGIN: Rheinpfalz

VINTAGE	PRICE
Kabinett	
1977	$ 8.00 — 9.50
1976	8.00 — 9.50
1975	7.00 — 8.00
1973	6.00 — 7.00
1971	7.50 — 9.00
1970	4.50 — 5.50
Spätlese	
1976	11.00 — 13.00
1975	10.00 — 12.00
1973	7.50 — 9.00
1971	11.00 — 13.00
Auslese	
1976	15.50 — 18.50
1975	14.50 — 17.00
1971	15.00 — 18.00
Trockenbeerenauslese	
1971	157.50 — 184.00

PRODUCER: Reichsrat von Buhl	**PRODUCER:** Dr. Bürklin-Wolf
NAME: Forster Jesuitengarten	**NAME:** Forster Kirchenstück
ORIGIN Rheinpfalz	**ORIGIN:** Rheinpfalz

VINTAGE	PRICE	VINTAGE	PRICE
Kabinett		Kabinett	
1977	$ 7.00 – 8.50	1977	$ 6.50 – 7.50
1976	7.00 – 8.50	1976	7.00 – 8.50
1975	7.00 – 8.50	1975	7.00 – 8.50
1973	4.00 – 5.00	1973	5.50 – 6.50
1971	7.50 – 9.00	1971	7.00 – 8.50
1970	4.50 – 5.50	1970	4.00 – 5.00
Spätlese		Spätlese	
1976	11.00 – 13.00	1976	9.00 – 10.50
1975	9.50 – 11.00	1975	8.50 – 10.00
1973	7.50 – 9.00	1973	7.00 – 8.50
1971	10.00 – 12.00	1971	8.50 – 10.00
Auslese		Auslese	
1976	14.50 – 17.00	1976	15.50 – 18.50
1975	13.50 – 15.50	1975	14.50 – 17.00
1971	14.50 – 17.00	1971	15.00 – 18.00
		Trockenbeerenauslese	
		1967	144.00 – 168.00

PRODUCER:	Reichsrat von Buhl
NAME:	Forster Ungeheuer
ORIGIN:	Rheinpfalz

VINTAGE		PRICE
Kabinett		
1977	$ 7.50 −	9.00
1976	7.50 −	9.00
1975	7.00 −	8.00
1973	4.00 −	5.00
1971	8.00 −	9.50
1970	4.50 −	5.50
Spätlese		
1976	12.00 −	14.00
1975	9.50 −	11.50
1973	8.00 −	9.50
1971	13.00 −	15.00
Auslese		
1976	16.50 −	19.50
1975	15.00 −	17.50
1971	18.00 −	21.00
Trockenbeerenauslese		
1959	180.00 −	210.00

PRODUCER:	Dr. Bürklin-Wolf
NAME:	Ruppertsberger Gaisbohl
ORIGIN:	Rheinpfalz

VINTAGE		PRICE
Kabinett		
1977	$ 5.00 −	6.00
1976	5.50 −	6.50
1975	5.00 −	6.00
1973	3.50 −	4.50
1971	6.00 −	7.00
1970	4.00 −	5.00
Spätlese		
1976	7.50 −	9.00
1975	7.00 −	8.00
1973	5.50 −	6.50
1971	10.50 −	12.50
1970	5.50 −	6.50
Auslese		
1976	13.00 −	15.00
1975	11.00 −	13.00
1971	13.50 −	15.50

PRODUCER: Dr. Bürklin-Wolf
NAME: Ruppertsberger Hoheburg
ORIGIN: Rheinpfalz

VINTAGE	PRICE
Kabinett	
1977	$ 5.00 — 6.00
1976	5.50 — 6.50
1975	5.00 — 6.00
1973	3.50 — 4.50
1971	6.00 — 7.00
1970	5.00 — 6.00
Spätlese	
1976	7.50 — 9.00
1975	7.00 — 8.00
1973	5.00 — 6.00
1971	12.50 — 14.50
1970	6.50 — 7.50
Auslese	
1976	13.00 — 15.00
1975	11.00 — 13.00
1971	13.50 — 15.50

PRODUCER: Dr. Bürklin-Wolf
NAME: Wachenheimer Gerumpel
ORIGIN: Rheinpfalz

VINTAGE	PRICE
Kabinett	
1977	$ 6.00 — 7.00
1976	7.00 — 8.50
1975	6.00 — 7.00
1973	4.00 — 5.00
1971	7.00 — 8.50
1970	4.50 — 5.50
Spätlese	
1976	8.50 — 10.00
1975	7.50 — 9.00
1973	6.50 — 7.50
1971	9.50 — 11.00
1970	7.00 — 8.50
Auslese	
1976	15.00 — 18.00
1975	14.00 — 16.00
1971	16.00 — 19.00
Trockenbeerenauslese	
1971	157.50 — 184.00

ITALY

 Because of Italy's extensive range of climates, soils and grape varieties, its product ranges from sound everyday wines to some of the world's greatest and most intense red wines. Though Italy has long been well known as a source of modest-priced wines, the general public for years remained relatively unaware of Italy's "outstanding" wines. Recently, however, wine buyers have begun to explore all this country has to offer in the way of premium wine.

Government involvement aimed at developing a standard system of classification (similar to France's *appellation contrôllée*) has certainly helped to make the exploration easier. In 1963, the Italian government instituted regulations to safeguard the place-names and quality of its regions' wines. Wines that meet government standards now bear the phrase *Denominazione de Origine Controllata* (DOC); an additional certification, *Controllata e Garantia*, designates the finest wines.

Italian wines generally take their names either from the town or district of origin or from a variety of grape, and some names are a combination of both. From the Piedmont region come most of Italy's finest red wines — Barolo, Gattinara, Carema, Ghemme, and Barbaresco. Like Amarone of Veneto and Lombardy's Valtellina, these are location names. Made from Nebbiolo, the classic red-wine grape of Italy that reaches its perfection in Piedmont, these are full-bodied and sturdy wines. Required by law to age a minimum of two years in the cask, some must mature for decades before they develop the soft, velvety quality that characterizes their peak.

Brunello di Montalcino, one of the world's greatest—and most expensive — wines, comes from Tuscany. Made from the Brunello grape, a variety of Sangiovese, it requires at least twenty years of bottle age to approach maturity. Chianti, also produced in Tuscany, can be an outstanding wine—though you won't find it in the ubiquitous straw-covered bottles. Instead, look for Chianti labeled "Classico" (meaning, "from the central and best part of the district") and "Riserva" (indicating a minimum of three years aging in cask); bottles are green and Bordeaux-type.

The popular light Italian reds, Valpolicella and Bardolino, come from the Veneto region. Like the better Italian whites — Orvieto, Verdicchio and Soave, among others — they are best drunk within three or four years of their vintage date.

The better Italian wines, long underestimated, are becoming more popular as inflation-conscious wine buyers begin to recognize their value—in terms of price, tasting characteristics, and longevity. Even the most expensive Italian wines should be considered bargains compared to their northern European counterparts.

PRODUCER:	Nino Negri
NAME:	Castel Chiuro
	(Valtellina)
ORIGIN:	Lombardy

VINTAGE	PRICE
1973	$4.50 — 5.50
1971	5.50 — 6.50
1970	6.00 — 7.00
1969	6.00 — 7.00
1968	6.50 — 7.50
1967	7.00 — 8.50
1964	9.00 — 10.50
1962	9.00 — 10.50
1961	10.50 — 12.50

Sfursat

1973	$7.00 — 8.50
1971	7.00 — 8.50
1969	8.50 — 10.00
1968	9.00 — 10.50
1967	9.50 — 11.50

PRODUCER:	Borgogno
NAME:	Barbaresco
ORIGIN:	Piedmont

VINTAGE	PRICE
1973	$ 6.50 — 7.50
1971	6.50 — 7.50
1970	7.00 — 8.50
1969	7.00 — 8.50
1968	8.00 — 9.50
1967	8.50 — 10.00
1965	9.50 — 11.00
1964	10.50 — 12.50
1962	12.00 — 14.00
1961	14.00 — 16.50

PRODUCER:	Guido Giri
NAME:	Barbaresco
ORIGIN:	Piedmont

VINTAGE	PRICE
1973	$ 5.50 — 6.50
1971	5.50 — 6.50
1970	5.50 — 6.50
1969	6.00 — 7.00
1968	6.50 — 7.50
1967	7.00 — 8.50
1965	8.00 — 9.50
1964	10.00 — 12.00
1962	10.00 — 12.00
1961	11.50 — 13.50

PRODUCER:	Borgogno
NAME:	Barolo
	"Antichi Vigneti Propri"
ORIGIN:	Piedmont

VINTAGE	PRICE
1973	$ 6.00 — 7.00
1971	6.50 — 7.50
1970	6.50 — 7.50
1969	7.00 — 8.50
1968	10.50 — 12.50
1967	11.00 — 13.00
1965	13.00 — 15.00
1964	14.00 — 16.00
1962	15.00 — 17.50
1961	15.50 — 18.50

PRODUCER:	Fontanafredda
NAME:	Barolo
ORIGIN:	Piedmont

VINTAGE	PRICE
1973	$ 6.00 — 7.00
1971	6.50 — 7.50
1970	6.50 — 7.50
1969	7.50 — 9.00
1968	11.50 — 13.50
1967	12.00 — 14.00
1965	13.00 — 15.00
1964	13.50 — 15.50
1962	14.00 — 16.00
1961	15.00 — 17.50

PRODUCER:	Granduca
NAME:	Barolo
ORIGIN:	Piedmont

VINTAGE	PRICE
1975	$5.50 — 6.50
Riserva	
1974	7.00 — 8.50
1973	7.00 — 8.50
Riserva Speciale	
1971	9.00 — 10.50
1967	9.00 — 10.50

PRODUCER:	Guido Giri
NAME:	Barolo
ORIGIN:	Piedmont

PRODUCER:	Marchese Villadoria
NAME:	Barolo
ORIGIN:	Piedmont

VINTAGE	PRICE	VINTAGE	PRICE
1973	$ 5.00 — 6.00	1973	$ 4.50 — 5.50
1971	5.50 — 6.50	1971	5.50 — 6.50
1970	6.00 — 7.00	1970	6.00 — 7.00
1969	7.00 — 8.00	1969	7.00 — 8.00
1968	9.50 — 11.50	1968	9.50 — 11.50
1967	10.50 — 12.50	1967	10.50 — 12.50
1965	12.00 — 14.00	1965	11.00 — 13.00
1964	13.50 — 15.50	1964	12.50 — 14.50
1962	14.50 — 17.00	1962	14.00 — 16.50
1961	15.50 — 18.50	1961	16.50 — 19.50

PRODUCER:	Pio Cesare	**PRODUCER:**	Luigi Ferrando
NAME:	Barolo	**NAME:**	Carema
ORIGIN:	Piedmont	**ORIGIN:**	Piedmont

VINTAGE	PRICE	VINTAGE	PRICE
1973	$ 8.00 — 9.50	1973	$ 4.50 — 5.50
1971	8.00 — 9.50	1971	5.00 — 6.00
1970	8.00 — 9.50	1970	7.00 — 8.50
1969	7.00 — 8.50	1969	7.00 — 8.50
1968	8.50 — 10.00	1968	8.00 — 9.50
1967	9.00 — 10.50	1967	9.00 — 10.50
1965	12.00 — 14.00	1965	12.50 — 14.50
1964	13.00 — 15.00	1964	14.00 — 16.00
1962	14.00 — 16.00	1962	15.00 — 18.00
1961	15.00 — 18.00	1961	16.50 — 19.50

PRODUCER:	Antoniolo	**PRODUCER:**	Barra
NAME:	Gattinara	**NAME:**	Gattinara
ORIGIN:	Piedmont	**ORIGIN:**	Piedmont

VINTAGE	PRICE	VINTAGE	PRICE
1973	$ 6.50 — 7.50	1973	$ 5.50 — 6.50
1971	6.50 — 7.50	1971	7.00 — 8.00
1970	7.00 — 8.00	1970	7.00 — 8.00
1969	7.50 — 8.50	1969	7.00 — 8.00
1968	8.50 — 10.00	1968	7.50 — 9.00
1967	9.50 — 11.00	1967	7.50 — 9.00
1965	10.50 — 12.50	1965	8.50 — 10.00
1964	13.50 — 15.50	1964	11.00 — 13.00
1962	15.00 — 17.50	1962	13.50 — 15.50
1961	16.50 — 19.50	1961	15.00 — 17.50

PRODUCER:	A. Vallana & F.		**PRODUCER:**	A. Vallana & F.
NAME:	Spanna		**NAME:**	Spanna
	"Campi Raudii"			"Castello S. Lorenzo"
ORIGIN:	Piedmont		**ORIGIN:**	Piedmont

VINTAGE	PRICE	VINTAGE	PRICE
1973	$ 5.00 — 6.00	1970	$ 4.00 — 5.00
1970	7.00 — 8.50	1969	4.50 — 5.50
1964	9.00 — 10.50	1964	7.00 — 8.00
1955	13.50 — 15.50	1961	9.50 — 11.00
1954	15.00 — 17.50	1958	11.00 — 13.00
Spanna		Spanna	
"Camino"		"Traversagna"	
1968	5.50 — 6.50	1973	4.00 — 5.00
1967	6.00 — 7.00	1961	10.50 — 12.50
1964	9.00 — 10.50	1955	13.50 — 15.50
1955	13.50 — 15.50		

PRODUCER:	Cantina Sociale di Ghemme
NAME:	Ghemme
ORIGIN:	Piedmont

VINTAGE	PRICE
1971	$ 6.00 — 7.00
1970	6.00 — 7.00
1969	6.00 — 7.00
1968	6.50 — 7.50
1967	6.50 — 7.50
1964	7.50 — 9.00
1962	8.50 — 10.00
1961	10.50 — 12.50

PRODUCER:	Biondi-Santi
NAME:	Brunello di Montalcino
ORIGIN:	Tuscany

VINTAGE	PRICE
1973	$ 22.50 — 26.50
1971	42.00 — 49.00
1970	48.00 — 56.50
1968	49.00 — 57.50
1967	49.00 — 57.50
1964	119.00 — 138.50
1961	76.50 — 89.00
1955	172.00 — 201.00
1947	486.00 — 567.00
1945	506.00 — 590.50
1925	1,026.00 — 1,197.00
1891	2,164.00 — 2,525.00
1888	3,600.00 — 4,200.00

PRODUCER:	Costanti	**PRODUCER:** Badia a Coltibuono
NAME:	Brunello di Montalcino	**NAME:** Chianti Classico Riserva
	"Riserva"	
ORIGIN:	Tuscany	**ORIGIN:** Tuscany

VINTAGE	PRICE	VINTAGE	PRICE
1973	$ 21.50 − 25.00	1973	$ 6.00 − 7.00
1971	22.50 − 26.50	1971	6.00 − 7.00
1970	25.00 − 29.50	1970	5.50 − 6.50
1968	45.00 − 52.50	1969	5.50 − 6.50
1967	45.00 − 52.50	1968	6.00 − 7.00
1964	108.00 − 126.00	1967	9.50 − 11.00
1961	67.50 − 79.00	1964	12.50 − 14.50
1955	144.00 − 168.00	1962	13.50 − 15.50
		1961	14.50 − 17.00

PRODUCER:	Brolio	PRODUCER:	Castello di
NAME:	Chianti Classico Riserva		Gabbiano
		NAME:	Chianti Classico
ORIGIN:	Tuscany	ORIGIN:	Tuscany

VINTAGE	PRICE	VINTAGE	PRICE
1971	$ 6.00 − 7.00	1976	$ 3.50 − 4.50
1969	6.50 − 7.50	1975	3.50 − 4.50
1968	7.50 − 8.50	1973	3.50 − 4.50
1967	7.00 − 8.00	1971	4.50 − 5.50
1964	11.00 − 13.00	1969	5.00 − 6.00
1962	12.00 − 14.00	1968	6.50 − 7.50
1961	13.50 − 15.50	1967	7.50 − 9.00
		1964	9.00 − 10.50
		1962	11.00 − 13.00

PRODUCER:	Melini	PRODUCER:	Olivieri
NAME:	Chianti Classico Riserva	NAME:	Chianti Classico Riserva
			"Palazzo al Bosco"
ORIGIN:	Tuscany	ORIGIN:	Tuscany

VINTAGE	PRICE	VINTAGE	PRICE
1973	$ 5.50 — 6.50	1973	$ 6.50 — 7.50
1971	6.00 — 7.00	1971	6.50 — 7.50
1970	6.00 — 7.00	1969	6.50 — 7.50
1969	6.00 — 7.00	1968	7.50 — 9.00
1968	6.50 — 7.50	1967	10.00 — 12.00
1967	7.00 — 8.50	1964	13.50 — 15.50
1964	12.50 — 14.50	1962	15.00 — 18.00
1962	13.50 — 15.50	1961	16.50 — 19.50
1961	14.50 — 17.00		

PRODUCER:	Nozzole
NAME:	Chianti Classico Riserva
ORIGIN:	Tuscany

VINTAGE	PRICE
1974	$ 5.00 — 6.00
1973	5.50 — 6.50
1971	6.50 — 7.50
1970	6.00 — 7.00
1969	6.00 — 7.00
1968	6.50 — 7.50
1967	9.50 — 11.50
1964	12.00 — 14.00
1962	13.50 — 15.50
1961	14.00 — 16.50

PRODUCER:	Bertani
NAME:	Amarone "Classico Superiore"
ORIGIN:	Veneto

VINTAGE	PRICE
1968	$11.50 — 13.50
1967	11.50 — 13.50
1965	15.00 — 17.50
1964	16.00 — 19.00
1963	17.50 — 20.50
1962	18.50 — 21.50
1961	19.50 — 22.50
1959	20.50 — 23.50
1958	21.50 — 25.00
1945	45.00 — 52.50

PRODUCER:	Bolla
NAME:	Amarone
ORIGIN:	Veneto

PRODUCER:	Lamberti
NAME:	Amarone
ORIGIN:	Veneto

VINTAGE	PRICE
1969	$10.50 — 12.50
1968	10.50 — 12.50
1967	11.00 — 13.00
1965	14.00 — 16.50
1964	15.50 — 18.50
1963	16.50 — 19.50
1962	17.50 — 20.50
1961	18.50 — 21.50
1959	19.50 — 22.50
1958	20.50 — 23.50

VINTAGE	PRICE
1970	$ 7.00 — 8.50
1969	7.00 — 8.50
1968	7.50 — 9.00
1967	8.00 — 9.50
1965	9.00 — 10.50
1964	10.50 — 12.50
1963	11.00 — 13.00
1962	12.00 — 14.00
1961	13.50 — 15.50
1959	14.00 — 16.00
1958	15.00 — 18.00

PRODUCER: Santa Sofia
NAME: Amarone
                "Classico Superiore"
ORIGIN: Veneto

VINTAGE	PRICE
1973	$ 9.00 – 10.50
1970	9.00 – 10.50
1969	9.50 – 11.50
1968	10.00 – 12.00
1967	10.50 – 12.50
1965	11.00 – 13.00
1964	13.00 – 15.00
1963	15.00 – 17.50
1961	18.00 – 21.00

PRODUCER: Tommasi
NAME: Amarone
ORIGIN: Veneto

VINTAGE	PRICE
1969	$ 7.00 – 8.50
1968	8.00 – 9.50
1967	8.00 – 9.50
1965	9.50 – 11.00
1964	11.00 – 13.00
1963	12.00 – 14.00
1962	14.00 – 16.00
1961	15.00 – 17.50
1959	15.50 – 18.50
1958	16.50 – 19.50

PRODUCER: Bertani
NAME: Bardolino
ORIGIN: Veneto

VINTAGE	PRICE
1977	$4.00 – 5.00
1976	4.00 – 5.00
1975	4.00 – 5.00

PRODUCER: Lamberti
NAME: Bardolino
ORIGIN: Veneto

VINTAGE	PRICE
1977	$3.50 – 4.50
1976	3.50 – 4.50
1975	3.50 – 4.50

PRODUCER: Bolla
NAME: Bardolino
ORIGIN: Veneto

VINTAGE	PRICE
1977	$4.00 – 5.00
1976	4.00 – 5.00
1975	4.00 – 5.00

PRODUCER: Ruffino
NAME: Bardolino
ORIGIN: Veneto

VINTAGE	PRICE
1977	$3.50 – 4.50
1976	3.50 – 4.50
1975	3.50 – 4.50

PRODUCER:	Antinori
NAME:	Valpolicella
ORIGIN:	Veneto

VINTAGE	PRICE
1977	$4.00 — 5.00
1976	4.00 — 5.00
1975	4.00 — 5.00

PRODUCER:	Ruffino
NAME:	Valpolicella
ORIGIN:	Veneto

VINTAGE	PRICE
1977	$3.50 — 4.50
1976	3.50 — 4.50
1975	3.50 — 4.50

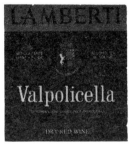

PRODUCER:	Lamberti
NAME:	Valpolicella
ORIGIN:	Veneto

VINTAGE	PRICE
1977	$3.50 — 4.50
1976	3.50 — 4.50
1975	3.50 — 4.50

PRODUCER:	Santi
NAME:	Valpolicella
ORIGIN:	Veneto

VINTAGE	PRICE
1977	$3.50 — 4.50
1976	3.50 — 4.50
1975	3.50 — 4.50

PRODUCER: M. Mastroberardino
NAME: Greco di Tufo
ORIGIN: Campania

VINTAGE	PRICE
1978	$5.00 − 6.00
1977	5.00 − 6.00
1976	5.00 − 6.00

PRODUCER: M. Mastroberardino
NAME: Lacryma Christi "del Vesuvio"
ORIGIN: Campania

VINTAGE	PRICE
1978	$5.00 − 6.00
1977	5.00 − 6.00
1976	5.00 − 6.00

PRODUCER: M. Mastroberardino
NAME: Fiano di Avellino
ORIGIN: Campania

VINTAGE	PRICE
1978	$8.00 − 9.50
1977	8.00 − 9.50
1976	8.00 − 9.50

PRODUCER: Antinori
NAME: Est! Est! Est! "Di Montefiascone"
ORIGIN: Latium

VINTAGE	PRICE
1978	$4.50 − 5.50
1977	4.50 − 5.50
1976	4.50 − 5.50

PRODUCER:	Ruffino
NAME:	Lugana
ORIGIN:	Lombardy

VINTAGE	PRICE
1978	$4.50 − 5.50
1977	4.50 − 5.50
1976	4.50 − 5.50

PRODUCER:	Colonnara
NAME:	Verdicchio
	"Castelli di Jesi"
ORIGIN:	Marches

VINTAGE	PRICE
1978	$3.50 − 4.50
1977	3.50 − 4.50
1976	3.50 − 4.50

PRODUCER:	Cella
NAME:	Verdicchio
	"Castelli ·di Jesi"
ORIGIN:	Marches

VINTAGE	PRICE
1978	$3.50 − 4.50
1977	3.50 − 4.50
1976	3.50 − 4.50

PRODUCER:	Garofoli
NAME:	Verdicchio
	"Castelli di Jesi"
ORIGIN:	Marches

VINTAGE	PRICE
1978	$3.50 − 4.50
1977	3.50 − 4.50
1976	3.50 − 4.50

PRODUCER:	Antinori
NAME:	Orvieto Classico Secco
	"Castello della Sala"
ORIGIN:	Umbria

VINTAGE	PRICE
1978	$4.00 − 5.00
1977	4.00 − 5.00
1976	4.00 − 5.00

PRODUCER:	Antinori
NAME:	Soave
ORIGIN:	Veneto

VINTAGE	PRICE
1978	$3.50 − 4.50
1977	3.50 − 4.50
1976	3.50 − 4.50

PRODUCER:	Ruffino
NAME:	Orvieto
ORIGIN:	Umbria

VINTAGE	PRICE
1978	$3.50 − 4.50
1977	3.50 − 4.50
1976	3.50 − 4.50

PRODUCER:	Bertani
NAME:	Soave Classico
	Superiore
ORIGIN:	Veneto

VINTAGE	PRICE
1977	$4.00 − 5.00
1976	4.00 − 5.00
1975	4.00 − 5.00

PRODUCER:	Bolla
NAME:	Soave Classico
ORIGIN:	Veneto

VINTAGE	PRICE
1978	$4.00 − 5.00
1977	4.00 − 5.00
1976	4.00 − 5.00

PRODUCER:	Ricasoli
NAME:	Soave
ORIGIN:	Veneto

VINTAGE	PRICE
1978	$4.00 − 5.00
1977	4.00 − 5.00
1976	4.00 − 5.00

PRODUCER:	Lamberti
NAME:	Soave Classico Superiore
ORIGIN:	Veneto

VINTAGE	PRICE
1978	$3.50 − 4.50
1977	3.50 − 4.50
1976	3.50 − 4.50

PRODUCER:	Santa Sofia
NAME:	Soave Classico Superiore
ORIGIN:	Veneto

VINTAGE	PRICE
1978	$3.50 − 4.50
1977	3.50 − 4.50
1976	3.50 − 4.50

VINTAGE PORT

 Port, the wine of the Upper Douro Valley in northern Portugal, derives its name from the city of Oporto. Although the wine dates back to a century before Christ, a trade agreement signed in 1654 between Portugal and England set the stage for the vast English market it has enjoyed for more than three centuries. The Factory House, a British-built foreign trading station, still stands in Oporto as a reminder that until recently the finer Port wines were virtually always shipped to England for bottling.

Of the several categories of true Port wines, the one most esteemed by connoisseurs is Vintage Port, which stands in a class by itself. A vintage is "declared" if, following a year of ideal weather conditions, there is a strong taste of fruit in the wines, a dark color, and a full body. This seldom occurs more than three or four times a decade. Although this declaration is usually unanimous, occasionally one or more firms will declare a vintage when the others do not.

Grown on *quintas* (vineyard estates), the sweet grapes from which Port is derived are crushed and put to ferment. When a specified amount of sugar still remains unconverted to alcohol, the juices are drawn off into large casks. High-proof brandy is added to stop fermentation and allow some sugar to remain in the wine. Nonvintage Ports — Tawny, Ruby, and White — are aged in wood before bottling, and are ready to drink when shipped. Vintage Port, however, spends only two years in oak cask before bottling; it then requires fifteen to thirty years in bottle to reach full maturity.

Port, like all wines of great age, throws a heavy deposit as it matures, and must be decanted. It is considered more durable than other table wines and better able to withstand less than ideal storage conditions. Older vintages are still available and can be drunk now. However, popularity for this unique wine is on the rise and current prices of older vintages reflect this trend.

As Vintage Port maintains its rightful place among the greatest wines of the world, it is economically imperative to lay away recent vintages. With time and patience, Vintage Port will reward the most demanding connoisseur, and give just cause for the ceremony that often surrounds it.

PRODUCER: Cockburn Smithes & Co.

NAME: Vintage Port

VINTAGE	PRICE
1975	$ 11.00 — 13.00
1970	15.00 — 17.50
1967	15.50 — 18.00
1966	16.00 — 19.00
1963	20.50 — 23.50
1960	24.00 — 28.00
1955	63.00 — 73.50
1950	49.50 — 58.00
1947	81.00 — 94.50
1945	101.00 — 117.50
1935	135.00 — 157.50
1927	135.00 — 157.50
1924	234.00 — 273.00
1922	234.00 — 273.00
1917	135.00 — 157.50
1912	234.00 — 273.00
1908	234.00 — 273.00
1904	234.00 — 273.00
1896	270.00 — 315.00

PRODUCER: Croft & Co. (was Thompson & Croft)

NAME: Vintage Port

VINTAGE	PRICE
1975	$ 13.50 — 15.50
1970	21.00 — 24.50
1967	20.00 — 23.00
1966	22.50 — 26.50
1963	24.50 — 29.00
1960	27.00 — 31.50
1955	63.00 — 73.50
1950	49.50 — 58.00
1945	99.00 — 115.50
1935	135.00 — 157.50
1927	135.00 — 157.50
1924	225.00 — 262.50
1922	225.00 — 262.50
1912	225.00 — 262.50
1908	225.00 — 262.50
1904	225.00 — 262.50
1896	270.00 — 315.00

| PRODUCER: | Wm. & J. Graham & Co. | | PRODUCER: NAME: | Guimaraens Vintage Port |
| NAME: | Vintage Port | | | "Fonseca" |

VINTAGE	PRICE		VINTAGE	PRICE
1975	$ 11.00 — 13.00		1975	$ 13.50 — 15.50
1970	15.00 — 17.50		1970	15.50 — 18.50
1966	18.00 — 21.00		1966	20.50 — 23.50
1963	22.50 — 26.50		1963	27.00 — 31.50
1960	27.00 — 31.50		1960	30.00 — 34.50
1955	67.50 — 79.00		1955	67.50 — 79.00
1948	76.50 — 88.00		1948	85.50 — 100.00
1945	101.00 — 117.50		1945	101.00 — 118.00
1935	135.00 — 157.50		1935	135.00 — 157.50
1927	135.00 — 157.50		1927	135.00 — 157.50
1924	234.00 — 273.00		1924	238.50 — 278.00
1922	234.00 — 273.00		1922	238.50 — 278.00
1917	135.00 — 157.50		1912	238.50 — 278.00
1912	234.00 — 273.00		1908	238.50 — 278.00
1908	234.00 — 273.00		1904	238.50 — 278.00
1904	234.00 — 273.00		1896	270.00 — 315.00
1896	270.00 — 315.00			

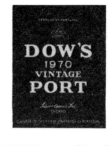

PRODUCER:	Quinta do Noval
NAME:	Vintage Port

PRODUCER:	Silva & Cosens
NAME:	Vintage Port
	"Dow"

VINTAGE	PRICE
1975	$ 12.00 — 14.00
1970	13.50 — 15.50
1967	14.50 — 17.00
1966	15.00 — 18.00
1965	22.50 — 26.50
1963	18.00 — 21.00
1958	31.50 — 37.00
1955	67.50 — 79.00
1950	54.00 — 63.00
1945	101.00 — 118.00
1942	63.00 — 73.50
1937	135.00 — 157.50
1935	135.00 — 157.50
1927	135.00 — 157.50
1924	236.00 — 275.50
1922	236.00 — 275.50
1912	236.00 — 275.50
1908	236.00 — 275.50
1904	236.00 — 275.50
1896	270.00 — 315.00

VINTAGE	PRICE
1975	$ 11.00 — 13.00
1970	12.00 — 14.00
1966	14.00 — 16.50
1963	16.00 — 19.00
1960	22.50 — 26.50
1955	49.50 — 58.00
1947	72.00 — 84.00
1945	90.00 — 105.00
1935	117.00 — 136.50
1927	117.00 — 136.50
1924	180.00 — 210.00
1922	180.00 — 210.00
1912	180.00 — 210.00
1908	180.00 — 210.00
1904	180.00 — 210.00
1896	234.00 — 273.00

PRODUCER:	Taylor, Fladgate & Yeatman
NAME:	Vintage Port

VINTAGE	PRICE
1975	$ 11.00 — 13.00
1970	13.50 — 15.50
1967	18.00 — 21.00
1966	18.00 — 21.00
1963	22.50 — 26.50
1960	28.00 — 32.50
1955	67.50 — 79.00
1948	72.00 — 84.00
1945	101.00 — 118.00
1935	135.00 — 157.50
1927	135.00 — 157.50
1924	239.00 — 279.00
1922	239.00 — 279.00
1912	239.00 — 279.00
1908	239.00 — 279.00
1904	239.00 — 279.00
1896	270.00 — 315.00

PRODUCER:	Warre & Co.
NAME:	Vintage Port

VINTAGE	PRICE
1975	$ 10.50 — 12.50
1970	12.50 — 14.50
1966	13.00 — 15.00
1964	13.50 — 15.50
1963	19.50 — 22.50
1960	20.50 — 23.50
1958	22.50 — 26.50
1955	58.50 — 68.00
1950	58.50 — 68.00
1948	67.50 — 79.00
1947	67.50 — 79.00
1945	90.00 — 105.00
1935	112.50 — 131.00
1927	112.50 — 131.00
1924	207.00 — 241.50
1922	207.00 — 241.50
1912	207.00 — 241.50
1908	207.00 — 241.50
1904	207.00 — 241.50
1896	247.50 — 289.00

RIOJA

 The Spanish wines of Rioja were built on a disaster. When *phylloxera* (plant lice) devastated French vineyards in the 1880s, many Bordeaux vintners moved across the Pyrenees to northern Spain where they found soil and a climate suitable to their style of viniculture. Thus a new method of wine-making was introduced to Spain. Today, the old Bordeaux methods continue little-changed. The finest vintage red wines of Rioja, while achieving an unusual taste all their own, reflect the dry, earthy qualities of the best Bordeaux.

The Rioja derives its name from a tributary of the River Ebro. The district is divided into three controlled zones, the center of which is the village of Haro. The Rioja denomination, now controlled by law, is allowed only for those wines which have achieved the standards of quality established by the Spanish government. This entitles them to the Certificate of Origin and the square, mill-edged stamp on their label.

Rioja labels carry the added distinction of age classifications, such as

Reserva, Reserva Especial or Gran Reserva. Spanish law requires that wines age a minimum of ten years in barrel to merit a Reserva designation. Some connoisseurs feel Riojas are aged too long in wood; by French standards they should be bottled earlier to preserve a certain clarity and freshness. But this is a matter of personal taste. Consumer pressure has not yet forced the production of earlier maturing wines for quicker consumption.

Made from blends of grapes from different vineyards, Riojas are known by their *bodega*, the equivalent of a brand name, rather than by a specific property name, as is the case in Bordeaux. Marqués de Riscal and Marqués de Murrieta are acknowledged as the finest, both producing dark, dry reds of great distinction. (In the 1940 s a few of the district's best wines were bringing in prices as high as Châteax Margaux.)

Conscientious wine buyers drawn by attractive prices have recently begun to reassess, and appreciate, the unique qualities of the premium Riojas. As the selection and availability of Riojas grow, increasing numbers of contemporary wine lovers are discovering Spain's greatest wine.

PRODUCER: Bodegas Bilbainas
NAME: Rioja Clarete Fino
                 "Gran Reserva"

VINTAGE	PRICE
1966	$ 8.00 — 9.50
1964	8.50 — 10.00
1961	16.50 — 19.50
1954	22.50 — 26.50
1948	36.00 — 42.00

PRODUCER: Bodegas Bilbainas
NAME: Rioja Pomal
                 "Reserva"

VINTAGE	PRICE
1967	$ 7.00 — 8.50
1966	7.00 — 8.50
1959	14.50 — 17.00
1955	18.00 — 21.00
1953	22.50 — 26.50

PRODUCER:	CUNE
NAME:	Rioja Real
	"Reserva Especial"

VINTAGE	PRICE
1970	$ 8.00 − 9.50
1968	8.00 − 9.50
1966	8.00 − 9.50
1964	10.00 − 12.00
1961	18.50 − 21.50
1955	27.00 − 31.50

PRODUCER:	R. Lopez de Heredia
NAME:	Rioja Bosconia
	"Reserve"

VINTAGE	PRICE
1968	$ 8.00 − 9.50
1964	8.00 − 9.50
1961	18.00 − 21.00
1955	27.00 − 31.50
1947	45.00 − 52.50

PRODUCER: R. Lopez de Heredia
NAME: Rioja Tondonia
"Reserve"

VINTAGE	PRICE
1968	$ 8.00 — 9.50
1964	8.00 — 9.50
1961	18.00 — 21.00
1955	27.00 — 31.50
1947	45.00 — 52.50

PRODUCER: Marqués de Murrieta
NAME: Rioja
"Reserva Especial"

VINTAGE	PRICE
1967	$ 7.50 — 9.00
1966	7.50 — 9.00
1964	9.50 — 11.50
1961	20.50 — 23.50
1955	27.00 — 31.50
1948	36.00 — 42.00

PRODUCER: Marqués de Riscal
NAME: Rioja
                             "Reserva"

PRODUCER: Federico Paternina
NAME: Rioja
                          "Gran Reserva"

VINTAGE	PRICE
1968	$ 7.50 — 9.00
1964	9.50 — 11.50
1962	9.50 — 11.50
1961	20.50 — 23.50
1959	22.50 — 26.50
1955	29.50 — 34.00

VINTAGE	PRICE
1968	$ 7.00 — 8.50
1967	7.00 — 8.50
1966	8.50 — 10.00
1964	10.00 — 12.00
1959	16.00 — 19.00
1955	22.50 — 26.50
1952	27.00 — 31.50
1947	45.00 — 52.50

Conde de Los Andes
Nonvintage   27.00 — 31.50

CALIFORNIA

 California wines are a continent of tasting experiences — the European Continent, to be exact, for virtually all of Europe's important grape varieties have been transplanted to California. During the last 25 years or so these great wine grapes have come into prominence, partially through the influence of the late Frank Schoonmaker, who persuaded California growers that there was a sizable eastern market for fine wine. Today California wineries produce wines from "noble" grapes with such success that many of its wines are internationally acclaimed.

A notable example is the Chardonnay. Brought from Burgundy, the variety has taken well to California's North Coast counties (including Napa and Sonoma) and other regions, and in recent years wineries like Spring Mountain, Freemark Abbey, and Chateau St. Jean have marketed Chardonnays that compete with the great wines of the Côte de Beaune — in fact, many claim they are better than the disappointing Burgundian wines of the last few years. The North Coast has also produced notable wines from the German Riesling grape; Italy's Barbera is cultivated in the Central and coastal valleys; and France's Chenin Blanc, Gamay, and Sauvignon Blanc thrive in vineyards throughout the state. Though the French Pinot Noir has not had plentiful yields, some excellent wines are beginning to come from Napa, Sonoma, Monterey, and Mendocino counties. The most successful transplant, considering both quantity and quality of yield, has been the Cabernet Sauvignon, made famous by Bordeaux. Its wines are quite distinctive; enthusiasts say that California Cabernet Sauvignons already surpass many of the best reds of Italy and Spain, and the best match—or even excel—the quality of all but the greatest Bordeaux reds.

Since the industry is in effect less than a half-century old, standards are still being devised. Increasingly, fine wines are named by their grape varieties, departing from the practice of naming wines for European districts (e.g., Chablis, Burgundy). California law specifies that "varietals" must contain at least 51 percent of the grape named on the label, but to their credit, a number of premium-wine makers include as much as 100 percent. Place names are not yet regulated, though again many vintners name specific vineyard plots on their labels, a practice designed to specify the origins of grapes, which may be bought from outside growers. Vintage dating has become the rule for the best wines, and attention is increasingly being given to laying down good reds so that they may have time in the bottle to develop their full potential.

Fantastic achievements have been made. More are to come. Extensive research is being done; new standards are evolving. And modern technology is being used to improve fermentation, filtration, and crop yields—irrigation, sprinkler systems, and wind machines are among the innovations. As to the results, the Chardonnays have more than come into their own, and the Cabernet Sauvignons are superb wines. The best young Cabernets should be laid down, since they will assuredly gain both flavor and value with time. As the list indicates, some wines are already bringing in prices comparable to their French counterparts, so now is the time to experiment. Reasonable prices for Californian varietals may soon be no more than nostalgia.

PRODUCER:	Alexander Valley Vineyards
NAME:	Cabernet Sauvignon "Alexander Valley" Estate Bottled

VINTAGE	PRICE
1976	$6.00 − 7.00
1975	7.00 − 8.00

PRODUCER:	BV Beaulieu Vineyard
NAME:	Cabernet Sauvignon "Napa Valley"

VINTAGE	PRICE
1976	$ 6.50 − 7.50
1975	6.00 − 7.00
1974	7.50 − 9.00
1973	8.50 − 10.00

"Georges de Latour Private Reserve"

1974	12.00 − 13.50
1973	9.00 − 10.50
1972	8.00 − 9.50
1971	14.00 − 16.50
1970	27.00 − 31.50

PRODUCER: Burgess Cellars
NAME: Cabernet Sauvignon
"Napa Valley"

VINTAGE	PRICE
1976	$ 8.50 — 10.00
1975	8.50 — 10.00
1974	8.50 — 10.00
1973	7.50 — 9.00

"Vintage Selection"
1975	10.50 — 12.00

PRODUCER: Callaway Vineyard
& Winery
NAME: Cabernet Sauvignon
"Temecula"

VINTAGE	PRICE
1976	$7.50 — 9.00
1975	7.50 — 9.00
1974	7.50 — 9.00

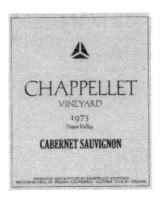

PRODUCER: Chappellet Vineyard
NAME: Cabernet Sauvignon
"Napa Valley"

VINTAGE	PRICE
1976	$12.00 – 13.50
1975	11.00 – 12.00
1974	10.50 – 12.00
1973	20.00 – 23.00

PRODUCER: Charles Krug Winery
NAME: Cabernet Sauvignon Vintage Selection "Napa Valley"

VINTAGE	PRICE
1973	$ 8.00 – 9.00
1972	9.00 – 10.50
1971	10.00 – 11.50
1970	11.00 – 12.00
1969	12.00 – 13.50
1968	13.00 – 15.00
1966	15.00 – 17.50
1965	16.00 – 18.50
1964	17.00 – 20.00
1963	18.00 – 21.00
1962	19.00 – 22.00
1961	20.00 – 23.50

PRODUCER: Château Chevalier
Winery
NAME: Cabernet Sauvignon
"Napa Valley"

VINTAGE	PRICE
1976	$ 9.00 – 10.50
1975	8.50 – 10.00
1974	8.50 – 10.00

"Private Reserve"
1975	11.00 – 12.50

PRODUCER: Château Montelena
NAME: Cabernet Sauvignon
"Napa Valley"

VINTAGE	PRICE
1974	$11.00 – 12.50

"Sonoma Valley"
1974	11.00 – 12.00
1973	10.00 – 11.50

"North Coast"
1975	10.00 – 11.50

PRODUCER: Château St. Jean
NAME: Cabernet Sauvignon
"Sonoma Valley"

VINTAGE	PRICE
1975	$ 9.50 – 11.00
1974	9.50 – 11.00

"Glen Ellen Vineyards"
1976	10.50 – 12.00
1975	14.00 – 16.50

"Wildwood Vineyards"
1976	14.00 – 16.50

"Laurel Glen Vineyards"
1976	9.50 – 11.00

PRODUCER: Clos du Bois
NAME: Cabernet Sauvignon
Dry Creek "Sonoma County"

VINTAGE	PRICE
1974	$ 6.50 – 7.50

"Unfined"
1974	8.50 – 10.00

"Proprietor's Reserve"
1974	12.50 – 14.50

PRODUCER: Clos du Val
NAME: Cabernet Sauvignon
                    "Napa Valley"

VINTAGE	PRICE
1976	$9.50 — 11.00
1975	9.50 — 11.00
1974	8.50 — 10.00
1973	9.00 — 10.50

PRODUCER: David Bruce
NAME: Cabernet Sauvignon
"Home Vineyards (Santa Cruz)"

VINTAGE	PRICE
1975	$10.50 — 12.00
1974	10.50 — 12.00
1973	10.50 — 12.00

"Monterey County"
1975	6.00 — 7.00

"Alexander Valley"
1975	8.50 — 10.00

"Los Olivos (Santa Barbara)"
1975	8.00 — 9.00

PRODUCER: Dry Creek Vineyard
NAME: Cabernet Sauvignon
"Sonoma County"

VINTAGE	PRICE
1976	$7.00 — 8.00
1975	7.50 — 9.00

PRODUCER: Fetzer Vineyards
NAME: Cabernet Sauvignon
Estate Bottled
"Mendocino"

VINTAGE	PRICE
1976	$7.50 — 9.00
1975	7.50 — 9.00
1974	7.00 — 8.50
1973	7.00 — 8.50
1972	7.00 — 8.50

| PRODUCER: | Freemark Abbey Winery |
| NAME: | Cabernet Sauvignon "Napa Valley" |

VINTAGE	PRICE
1975	$ 8.00 — 9.00
1974	7.50 — 9.00
1973	8.00 — 9.00
1972	4.50 — 5.50

"Bosché Vineyard (Napa)"
1975	9.50 — 11.00
1974	9.50 — 11.00
1973	9.50 — 11.00

| PRODUCER: | Hacienda Wine Cellars |
| NAME: | Cabernet Sauvignon "Sonoma Valley" |

VINTAGE	PRICE
1977	$9.00 — 10.50
1976	9.00 — 10.50
1975	9.00 — 10.50

PRODUCER: Heitz Wine Cellars
NAME: Cabernet Sauvignon
"Napa Valley"

VINTAGE	PRICE
1973	$ 9.50 — 11.00
1972	9.00 — 10.50
1971	7.50 — 8.50
1970	10.50 — 12.00
1969	26.50 — 31.00
1968	26.50 — 31.00

"Martha's Vineyard (Napa)"
1974	29.50 — 34.00
1973	24.50 — 28.50
1972	29.50 — 34.00
1970	47.50 — 55.00

"Fay Vineyard"
1975	14.00 — 16.50

PRODUCER: HMR Hoffman
Vineyards
NAME: Cabernet Sauvignon
"Paso Robles"

VINTAGE	PRICE
1975	$13.00 — 15.00
1973	22.00 — 25.00

PRODUCER:	Inglenook
NAME:	Cabernet Sauvignon
	Estate Bottled "Napa Valley"
	"Cask Series"

VINTAGE	PRICE
1976	$ 7.50 — 9.00
1975	7.50 — 9.00
1974	8.00 — 9.00
1973	8.00 — 9.00
1972	7.50 — 8.50
1971	10.00 — 11.50
1970	12.00 — 13.50
1969	9.50 — 11.00
1968	10.50 — 12.00
1966	19.00 — 22.00
1965	19.00 — 22.00
1964	23.50 — 27.50
1963	23.50 — 27.50

PRODUCER:	Joseph Phelps
	Vineyards
NAME:	Cabernet Sauvignon
	"Napa Valley"

VINTAGE	PRICE
1976	$ 9.00 — 10.50
1975	9.00 — 10.50
1974	8.00 — 9.00
1973	7.00 — 8.00

"Insignia"
(Merlot with Cabernet Sauvignon)

1975	16.00 — 18.50

| PRODUCER: | Mayacamas Vineyards | PRODUCER: | Mirassou Vineyards |
| NAME: | Cabernet Sauvignon "Napa Mountain" | NAME: | Cabernet Sauvignon Harvest Selection "Monterey" |

VINTAGE	PRICE	VINTAGE	PRICE
1975	$12.00 — 13.50	1975	$7.50 — 9.00
1974	12.00 — 13.50	1974	7.50 — 9.00
1973	12.00 — 13.50	1973	7.50 — 9.00
1972	11.00 — 12.50	1972	7.50 — 9.00

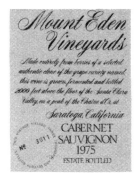

PRODUCER: Monterey Peninsula Winery

NAME: Cabernet Sauvignon "Monterey"

VINTAGE	PRICE
1977	$ 9.00 — 10.50
1976	20.00 — 23.50
1975	9.50 — 11.00
1974	7.00 — 8.50

PRODUCER: Mount Eden Vineyards

NAME: Cabernet Sauvignon Estate Bottled "Saratoga"

VINTAGE	PRICE
1976	$28.00 — 32.00
1975	21.00 — 24.00
1974	28.00 — 32.00
1973	21.00 — 24.00

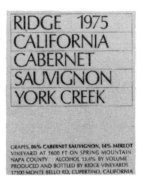

PRODUCER: Mount Veeder
Winery
NAME: Cabernet Sauvignon
"Bernstein Vineyards
(Napa County)"

VINTAGE	PRICE
1976	$11.50 — 13.00
1975	11.50 — 13.00
1974	15.00 — 17.50
1973	12.50 — 14.50

PRODUCER: Ridge Vineyards
NAME: Cabernet Sauvignon
"Monte Bello (Santa Clara)"

VINTAGE	PRICE
1976	$20.00 — 23.50
1975	10.50 — 12.00
1974	23.50 — 27.00
1973	15.00 — 17.50
1972	21.00 — 24.00
1971	23.00 — 26.50
1970	26.50 — 31.00
1968	38.00 — 44.00

"York Creek (Napa)"

1976	10.00 — 11.50
1975	10.00 — 11.50
1974	12.00 — 13.50

PRODUCER:	Robert Mondavi Winery
NAME:	Cabernet Sauvignon "Napa Valley"

VINTAGE	PRICE
1976	$ 9.50 — 11.00
1975	8.50 — 10.00
1974	15.00 — 17.50
1973	15.00 — 17.50
1972	9.50 — 11.00
1971	15.00 — 17.50
1970	23.50 — 27.00
1969	30.50 — 35.00
"Reserve"	
1974	28.00 — 32.00
1973	20.00 — 23.50
1971	30.50 — 35.00
1970	40.00 — 46.00

PRODUCER:	Sebastiani
NAME:	Cabernet Sauvignon Proprietor's Reserve "North Coast Counties"

VINTAGE	PRICE
1972	$7.50 — 9.00
1971	7.50 — 9.00
1970	9.50 — 11.00
1969	8.50 — 10.00

PRODUCER:	Silver Oak Cellars
NAME:	Cabernet Sauvignon
	"North Coast"

VINTAGE	PRICE
1974	$10.50 — 12.00
1973	12.00 — 13.50
1972	8.00 — 9.00

"Alexander Valley"
| 1975 | 10.50 — 12.00 |

PRODUCER:	Sonoma Vineyards
NAME:	Cabernet Sauvignon
	Estate Bottled
"Alexander's Crown (Sonoma)"	

VINTAGE	PRICE
1976	$10.50 — 12.00
1975	10.50 — 12.00
1974	7.00 — 8.00

| PRODUCER: | Spring Mountain Vineyards | PRODUCER: | Stag's Leap Wine Cellars |
| NAME: | Cabernet Sauvignon "Napa Valley" | NAME: | Cabernet Sauvignon "Napa Valley" |

VINTAGE	PRICE	VINTAGE	PRICE
1977	$10.00 — 11.50	1976	$10.50 — 12.00
1975	10.50 — 12.00	1975	8.50 — 10.00
1974	12.50 — 14.50	1974	9.00 — 10.50
1973	12.00 — 13.50	1973	30.50 — 35.00
		1972	10.00 — 11.50

PRODUCER: Sterling Vineyards
NAME: Cabernet Sauvignon
                    "Napa Valley"

PRODUCER: Trefethen Vineyards
NAME: Cabernet Sauvignon
                    "Napa Valley"

VINTAGE	PRICE
1975	$ 7.00 — 8.00
1974	7.50 — 9.00
1973	7.00 — 8.00
1972	5.00 — 6.00
1971	7.50 — 9.00
1970	9.00 — 10.50

"Sterling Reserve"

VINTAGE	PRICE
1975	19.00 — 22.00
1974	19.00 — 22.00
1973	11.50 — 13.00

VINTAGE	PRICE
1976	$ 8.00 — 9.50
1975	8.00 — 9.50
1974	8.00 — 9.50

PRODUCER:	Veedercrest
	Vineyards
NAME:	Cabernet Sauvignon
	"Gamay Acres (Napa)"

VINTAGE	PRICE
1976	$10.50 – 12.00
1975	10.50 – 12.00
1974	12.50 – 14.50
1973	10.50 – 12.00

"Steltzner Vineyard (Napa)"
1977	11.00 – 12.50

PRODUCER:	ZD Wines
NAME:	Cabernet Sauvignon
	"San Luis Obispo"

VINTAGE	PRICE
1976	$ 9.50 – 11.00
1975	10.00 – 11.50

PRODUCER:	Caymus Vineyards
NAME:	Pinot Noir
	"Napa Valley"

VINTAGE	PRICE
1976	$7.50 – 9.00
1975	8.50 – 10.00
1974	8.00 – 9.50

PRODUCER:	David Bruce
NAME:	Pinot Noir Estate Bottled
	"Santa Cruz"

VINTAGE	PRICE
1975	$8.50 – 10.00
Nonvintage	5.50 – 6.50

PRODUCER:	Clos du Bois
NAME:	Pinot Noir
	Second Release
	"Dry Creek (Sonoma County)"

VINTAGE	PRICE
1974	$6.00 – 7.00

PRODUCER:	Davis Bynum
	Winery
NAME:	Pinot Noir
	"Sonoma"

VINTAGE	PRICE
1976	$6.50 – 7.50

PRODUCER:	Hanzell Vineyards
NAME:	Pinot Noir
	"Sonoma Valley"

VINTAGE	PRICE
1975	$12.50 — 14.50
1974	13.50 — 15.50
1973	13.50 — 15.50
1972	14.50 — 17.00
1971	15.50 — 18.00

PRODUCER:	HMR Hoffman
	Vineyards
NAME:	Pinot Noir
	"Paso Robles"

VINTAGE	PRICE
1975	$14.00 — 16.50

PRODUCER:	Heitz Wine Cellars
NAME:	Pinot Noir
	"Napa Valley"

VINTAGE	PRICE
1974	$6.50 — 7.50
1973	6.50 — 7.50
1972	6.50 — 7.50

PRODUCER:	Husch Vineyards
NAME:	Pinot Noir
	"Mendocino"

VINTAGE	PRICE
1977	$8.50 — 10.00
1976	9.50 — 11.00
1975	9.50 — 11.00

PRODUCER: Inglenook
                      Vineyards
NAME: Pinot Noir Estate Bottled
                      "Napa Valley"

VINTAGE	PRICE
1976	$7.00 — 8.00
1975	7.00 — 8.00
1974	7.00 — 8.00

PRODUCER: Kenwood Vineyards
NAME: Pinot Noir
                "Sonoma County"

VINTAGE	PRICE
1976	$5.50 — 6.50
1975	5.50 — 6.50
1974	5.50 — 6.50

PRODUCER: Martin Ray
                      Vineyards
NAME: Pinot Noir
                      "Saratoga"

VINTAGE	PRICE
1970	$19.00 — 22.00
1966	10.50 — 12.00
"Special Reserve"	
1965	17.00 — 20.00

PRODUCER: Mill Creek
                      Vineyards
NAME: Pinot Noir
                "Sonoma County"

VINTAGE	PRICE
1977	$6.00 — 7.00
1975	6.50 — 7.50

| PRODUCER: | The Monterey Vineyard |
| NAME: | Pinot Noir "Monterey County" |

VINTAGE	PRICE
1975	$ 6.50 — 7.50
1974	7.50 — 9.00

| PRODUCER: | J. Pedroncelli Winery |
| NAME: | Pinot Noir "Sonoma County" |

VINTAGE	PRICE
1976	$4.00 — 5.00
1975	4.00 — 5.00
1974	4.00 — 5.00

| PRODUCER: | Mount Eden Vineyards |
| NAME: | Pinot Noir Estate Bottled "Saratoga" |

VINTAGE	PRICE
1976	$11.50 — 13.50
1975	19.00 — 22.00

| PRODUCER: | Robert Mondavi Winery |
| NAME: | Pinot Noir |

VINTAGE	PRICE
1976	$7.00 — 8.00
1975	7.00 — 8.00
1974	6.50 — 7.50
1973	7.50 — 9.00

PRODUCER: Sebastiani
NAME: Pinot Noir
Proprietor's Reserve
"North Coast Counties"

VINTAGE	PRICE
1972	$6.50 — 7.50
1971	6.50 — 7.50

PRODUCER: Veedercrest
Vineyards
NAME: Pinot Noir
"Winery Lake (Napa)"

VINTAGE	PRICE
1975	$9.50 — 11.00
1974	9.50 — 11.00
1973	9.50 — 11.00
1972	8.00 — 9.50

PRODUCER: Stonegate Winery
NAME: Pinot Noir
"Napa Valley"

VINTAGE	PRICE
1976	$7.00 — 8.00
1975	7.00 — 8.00
1974	7.00 — 8.00

PRODUCER: ZD Wines
NAME: Pinot Noir
"Napa"

VINTAGE	PRICE
1976	$10.50 — 12.00
1975	10.50 — 12.00
"St. Clair"	
1974	8.50 — 10.00

PRODUCER: Grand Pacific
Vineyard
NAME: Merlot
"Sonoma County"

VINTAGE	PRICE
1978	$8.00 — 9.50
1977	8.50 — 10.00
"Merlot Saumon"	
1978	6.50 — 7.50

PRODUCER: Rutherford Hill
Winery
NAME: Merlot
"Napa Valley"

VINTAGE	PRICE
1975	$7.50 — 9.00

PRODUCER: Sterling Vineyards
NAME: Merlot
"Napa Valley"

VINTAGE	PRICE
1976	$8.00 — 9.50
1975	8.50 — 10.00
1974	8.50 — 10.00
1973	7.50 — 9.00

PRODUCER: Veedercrest
Vineyards
NAME: Merlot
"Napa County"

VINTAGE	PRICE
1977	$8.50 — 10.00
1976	8.00 — 9.50
1975	8.00 — 9.50
1974	7.50 — 9.00

| PRODUCER: | Callaway Vineyard & Winery |
| NAME: | Zinfandel "Temecula" |

VINTAGE	PRICE
1977	$6.00 — 7.00
1975	5.50 — 6.50
1974	5.50 — 6.50

| PRODUCER: | Clos du Val |
| NAME: | Zinfandel "Napa Valley" |

VINTAGE	PRICE
1976	$8.00 — 9.50
1975	8.00 — 9.50
1974	8.00 — 9.50

| PRODUCER: | Carneros Creek Winery |
| NAME: | Zinfandel "Amador County" |

VINTAGE	PRICE
1976	$6.00 — 7.00
"Eschen Vineyards"	
1977	5.00 — 6.00
"Esola Vineyards"	
1977	5.50 — 6.50

| PRODUCER: | Cuvaison |
| NAME: | Zinfandel "Napa Valley" |

VINTAGE	PRICE
1975	$6.50 — 7.50
1974	6.50 — 7.50

PRODUCER: David Bruce
NAME: Zinfandel
"Hecker Pass"

VINTAGE	PRICE
1974	$5.00 − 6.00
"Templeton"	
1975	5.00 − 6.00
"Lodi"	
1974	5.00 − 6.00

PRODUCER: Fetzer Vineyards
NAME: Zinfandel
"Mendocino"

VINTAGE	PRICE
1976	$5.00 − 6.00
1975	5.00 − 6.00
1974	5.00 − 6.00
1973	5.00 − 6.00

PRODUCER: Dry Creek
Vineyard
NAME: Zinfandel
"Dry Creek Valley"

VINTAGE	PRICE
1976	$5.50 − 6.50
1975	5.50 − 6.50
1974	5.50 − 6.50

PRODUCER: Grand Cru'
Vineyards
NAME: Zinfandel Late Picked
"Sonoma Valley"

VINTAGE	PRICE
1976	$7.50 − 9.00
1975	5.50 − 6.50
1974	5.50 − 6.50
1973	5.50 − 6.50

| PRODUCER: | Gundlach-Bundschu Winery | PRODUCER: | Mayacamas Vineyards |
| NAME: | Zinfandel Special Selection "Sonoma Valley" | NAME: | Zinfandel Late Harvest "Napa Valley" |

VINTAGE	PRICE	VINTAGE	PRICE
1976	$6.00 – 7.00	1976	$12.50 – 14.50
1974	4.50 – 5.50	1974	15.50 – 18.00
1973	4.50 – 5.50		

| PRODUCER: | Kenwood Vineyards | PRODUCER: | The Monterey Vineyard |
| NAME: | Zinfandel "Sonoma Valley" | NAME: | Zinfandel Dec. Harvest "Monterey County" |

VINTAGE	PRICE	VINTAGE	PRICE
1977	$7.00 – 8.50	1975	$8.50 – 10.00
1976	7.00 – 8.50	1974	8.50 – 10.00
1975	6.00 – 7.00		
1974	6.00 – 7.00		

PRODUCER: Richard Carey
Winery
NAME: Zinfandel
"San Luis Obispo"

VINTAGE	PRICE
1977	$4.50 — 5.50
1975	4.50 — 5.50
"Amador County"	
1977	7.00 — 8.00

PRODUCER: Robert Mondavi
Winery
NAME: Zinfandel
"Napa Valley"

VINTAGE	PRICE
1976	$7.00 — 8.00
1975	7.00 — 8.00
1974	7.00 — 8.00

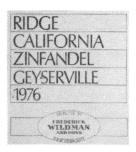

PRODUCER: Ridge Vineyards
NAME: Zinfandel
"Geyserville"

VINTAGE	PRICE
1977	$9.50 — 11.00
1976	8.00 — 9.50
1975	9.50 — 11.00

PRODUCER: Sutter Home
Winery
NAME: Zinfandel
"Amador County"

VINTAGE	PRICE
1976	$5.50 — 6.50
1975	5.50 — 6.50
1974	5.50 — 6.50
1973	6.50 — 7.50

PRODUCER: Almadén
NAME: California Petite Sirah

VINTAGE	PRICE
1975	$4.00 − 5.00

PRODUCER: Fetzer Vineyards
NAME: Petite Syrah
Special Reserve
"Mendocino"

VINTAGE	PRICE
1976	$6.00 − 7.00
1975	6.00 − 7.00
1974	6.00 − 7.00
1973	6.00 − 7.00

PRODUCER: Burgess Cellars
NAME: Petite Sirah
"Napa Valley"

VINTAGE	PRICE
1976	$6.50 − 7.50
1975	6.50 − 7.50
1974	6.50 − 7.50

PRODUCER: Freemark Abbey
Winery
NAME: Petite Sirah
"Napa Valley"

VINTAGE	PRICE
1975	$7.00 − 8.00
1974	7.00 − 8.00
1973	9.00 − 10.50
1972	6.00 − 7.00

PRODUCER: Mirassou Vineyards
NAME: Petite Sirah
                        Harvest Selection

VINTAGE	PRICE
1975	$6.50 — 7.50
1974	6.50 — 7.50
1973	6.50 — 7.50

PRODUCER: Robert Mondavi
                        Winery
NAME: Petite Sirah
                        "Napa Valley"

VINTAGE	PRICE
1975	$6.50 — 7.50
1974	6.50 — 7.50
1973	6.50 — 7.50
1972	6.50 — 7.50

PRODUCER: Ridge Vineyards
NAME: Petite Sirah
                        "York Creek"

VINTAGE	PRICE
1976	$7.00 — 8.00
1975	7.00 — 8.00
1974	9.00 — 10.50
1973	9.00 — 10.50

PRODUCER: Stag's Leap
                        Vineyard
NAME: Petite Syrah
                        "Napa Valley"

VINTAGE	PRICE
1975	$ 8.50 — 10.00
1974	10.00 — 11.50
1973	11.00 — 13.50

PRODUCER: Almadén Vineyards
NAME: Gamay Beaujolais
              "San Benito"

VINTAGE	PRICE
1978	$4.50 – 5.50

PRODUCER: Mirassou Vineyards
NAME: Gamay Beaujolais
              "Monterey"

VINTAGE	PRICE
1977	$3.50 – 4.50
1976	3.50 – 4.50

PRODUCER: Beaulieu Vineyard
NAME: Gamay Beaujolais
              "Napa Valley"

VINTAGE	PRICE
1978	$3.50 – 4.50
1977	3.50 – 4.50

PRODUCER: The Monterey
                  Vineyard
NAME: Gamay Beaujolais
              "Monterey County"

VINTAGE	PRICE
1975	$3.50 – 4.50
1974	3.50 – 4.50

PRODUCER: Robert Mondavi
                  Winery
NAME: Napa Gamay
                  "Napa Valley"

VINTAGE	PRICE
1978	$4.50 – 5.50
1977	4.50 – 5.50
1976	4.50 – 5.50

PRODUCER: Trentadue Winery
                  & Vineyards
NAME: Gamay Beaujolais
                  "Sonoma County"

VINTAGE	PRICE
1976	$3.50 – 4.50
1975	3.50 – 4.50

PRODUCER: Sonoma Vineyards
NAME: Gamay Beaujolais
              "Northern California"

VINTAGE	PRICE
1976	$5.00 – 6.00
1974	5.00 – 6.00

PRODUCER: Villa Mt. Eden
NAME: Napa Gamay
Estate Bottled "Napa Valley"

VINTAGE	PRICE
1977	$5.00 – 6.00
1976	5.00 – 6.00

PRODUCER: Burgess Cellars
NAME: Chardonnay
                "Winery Lake (Napa)"

VINTAGE	PRICE
1977	$10.00 — 11.50
1976	9.00 — 10.50
1975	10.50 — 12.00

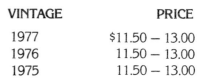

PRODUCER:Chappellet Vineyard
NAME: Chardonnay
                "Napa Valley"

VINTAGE	PRICE
1977	$11.50 — 13.00
1976	11.50 — 13.00
1975	11.50 — 13.00

PRODUCER: Chalone Vineyard
NAME: Chardonnay Estate
                           Bottled

VINTAGE	PRICE
1977	$12.00 — 13.50
1976	13.50 — 15.50

PRODUCER: Château Montelena
                                Winery
NAME: Chardonnay
                 "Napa Valley"

VINTAGE	PRICE
1977	$10.50 — 12.00
"Napa/Alexander Valley"	
1976	15.00 — 17.50
1975	15.00 — 17.50

PRODUCER: Château St. Jean
NAME: Chardonnay
"Sonoma Valley"

VINTAGE	PRICE
1977	$11.00—12.50

PRODUCER: Cuvaison
NAME: Chardonnay
"Napa Valley"

VINTAGE	PRICE
1977	$9.50 — 11.00
1976	9.00 — 10.50

PRODUCER: Clos du Bois
NAME: Chardonnay
Second Release
"Alexander Valley"

VINTAGE	PRICE
1977	$11.00 — 12.50

PRODUCER: David Bruce
NAME: Chardonnay
Estate Bottled
"Santa Cruz"

VINTAGE	PRICE
1977	$15.00 — 17.50
1976	12.50 — 14.50

PRODUCER: Davis Bynum
NAME: Pinot Chardonnay
"Sonoma"

VINTAGE	PRICE
1977	$8.00 − 9.50
1976	7.00 − 8.00

PRODUCER: The Firestone
Vineyard
NAME: Chardonnay
"Santa Ynez Valley"

VINTAGE	PRICE
1976	$7.00 − 8.00
1975	7.00 − 8.00

PRODUCER: Dry Creek
Vineyard
NAME: Chardonnay
"Sonoma County"

VINTAGE	PRICE
1978	$9.00 − 10.50
1977	8.50 − 10.00
1976	8.00 − 9.50
1975	8.00 − 9.50

PRODUCER: Freemark Abbey
Winery
NAME: Chardonnay
"Napa Valley"

VINTAGE	PRICE
1977	$10.50 − 12.00
1976	10.50 − 12.00
1975	10.50 − 12.00

PRODUCER: Hacienda Wine
Cellars
NAME: Chardonnay
"Sonoma Valley"

VINTAGE	PRICE
1978	$9.50 — 11.00
1977	8.50 — 10.00
1976	8.00 — 9.50

PRODUCER: HMR Hoffman
Vineyards
NAME: Chardonnay
"Paso Robles"

VINTAGE	PRICE
1976	$11.00 — 12.50
1975	11.00 — 12.50
1974	8.00 — 9.50

PRODUCER: Heitz Cellars
NAME: Chardonnay
"Napa Valley"

VINTAGE	PRICE
1976	$11.50 — 13.00
1975	11.50 — 13.00
1974	15.50 — 18.00

PRODUCER: Husch Vineyards
NAME: Chardonnay
Estate Bottled
"Mendocino"

VINTAGE	PRICE
1978	$9.50 — 11.00
1977	9.50 — 11.00
1976	9.50 — 11.00

PRODUCER: Joseph Phelps
Vineyards
NAME: Chardonnay
"Napa Valley"

VINTAGE	PRICE
1977	$10.50 — 12.00
1976	9.00 — 10.50

PRODUCER: Martin Ray
NAME: California
Chardonnay
"Saratoga"

VINTAGE	PRICE
1978	$19.00 — 22.00

"Winery Lake "
1977	23.50 — 27.50

PRODUCER: Mark West
Vineyards
NAME: Chardonnay
"Russian River Valley"

VINTAGE	PRICE
1977	$8.50 — 10.00
1976	8.50 — 10.00

PRODUCER: Mayacamas
Vineyard
NAME: Chardonnay
"Napa Mountain"

VINTAGE	PRICE
1976	$13.50 — 15.00

PRODUCER: Mill Creek
Vineyards
NAME: Chardonnay
"Sonoma County"

VINTAGE	PRICE
1977	$8.00 − 9.50
1976	8.00 − 9.50

PRODUCER: The Monterey
Vineyard
NAME: Chardonnay
"California"

VINTAGE	PRICE
1977	$6.00 − 7.00
1976	6.00 − 7.00

PRODUCER: Mirassou Vineyards
NAME: Chardonnay
"Monterey"

VINTAGE	PRICE
1977	$6.50 − 7.50
1976	6.50 − 7.50
1975	6.50 − 7.50

PRODUCER: Mount Veeder
Winery
NAME: Chardonnay
"Napa Valley"

VINTAGE	PRICE
1976	$19.00 − 22.00
1975	12.50 − 14.50

| PRODUCER: | Robert Mondavi Winery |
| NAME: | Chardonnay "Napa Valley" |

VINTAGE	PRICE
1977	$10.50 — 12.00
1976	9.00 — 10.50
1975	9.00 — 10.50
1974	9.00 — 10.50

| PRODUCER: | Spring Mountain Vineyards |
| NAME: | Chardonnay "Napa Valley" |

VINTAGE	PRICE
1978	$15.50 — 18.00
1977	10.50 — 12.00
1976	10.50 — 12.00
1975	12.00 — 13.50

| PRODUCER: | Sonoma Vineyards |
| NAME: | Chardonnay "Sonoma County" |

VINTAGE	PRICE
1977	$6.50 — 7.50
"Chalk Hill Vineyards"	
1977	7.50 — 9.00
"River West Vineyards"	
1977	7.50 — 9.00

| PRODUCER: | Sterling Vineyards |
| NAME: | Chardonnay "Napa Valley" |

VINTAGE	PRICE
1977	$12.50 — 14.50
1976	9.50 — 11.00
1975	9.50 — 11.00
1974	9.50 — 11.00
1973	9.50 — 11.00

PRODUCER: Stonegate Winery
NAME: Chardonnay
"Napa Valley"

VINTAGE	PRICE
1977	$9.00 — 10.50
1976	8.00 — 9.50

PRODUCER: Veedercrest
Vineyards
NAME: Chardonnay
"Wassen Vineyard (Napa)"

VINTAGE	PRICE
1976	$10.50 — 12.00

PRODUCER: Trefethen Vineyards
NAME: Chardonnay
"Napa Valley"

VINTAGE	PRICE
1977	$9.00 — 10.50
1976	8.00 — 9.50

PRODUCER: ZD Wines
NAME: Chardonnay
"Sonoma"

VINTAGE	PRICE
1977	$9.50 — 11.00
1976	9.00 — 10.50
"Santa Barbara"	
1977	9.50 — 11.00
1976	5.50 — 6.50

PRODUCER: Alexander Valley
Vineyards
NAME: Johannisberg Riesling
Estate Bottled

VINTAGE	PRICE
1978	$6.00 − 7.00
1977	6.00 − 7.00
1976	6.00 − 7.00

PRODUCER: Chappellet Vineyard
NAME: Johannisberg Riesling
"Napa Valley"

VINTAGE	PRICE
1978	$5.50 − 6.50
1977	5.50 − 6.50
1976	5.50 − 6.50

PRODUCER: Burgess Cellars
NAME: Johannisberg Riesling
"Winery Lake (Napa)"

VINTAGE	PRICE
1977	$9.50 − 11.00
1976	9.50 − 11.00
1975	9.50 − 11.00

PRODUCER: Château Montelena
NAME: Johannisberg Riesling
"North Coast"

VINTAGE	PRICE
1977	$7.00 − 8.00
1976	7.00 − 8.00
1975	7.00 − 8.00

PRODUCER: Château St. Jean
NAME: Johannisberg Riesling
Selected Late Harvest

VINTAGE	PRICE
1978	$10.00 – 11.50
1977	10.00 – 11.50

PRODUCER: David Bruce
NAME: White Riesling
"Santa Cruz County"

VINTAGE	PRICE
1977	$10.50 – 12.00

PRODUCER: Clos du Bois
NAME: Johannisberg Riesling
"Alexander Valley"

VINTAGE	PRICE
1978	$5.50 – 6.50
1977	5.00 – 6.00
"Selected Harvest"	
1978	5.50 – 6.50

PRODUCER: Felton-Empire
Vineyards
NAME: White Riesling
"Sonoma"

VINTAGE	PRICE
1978	$10.00 – 11.50
1977	8.50 – 10.00

PRODUCER: The Firestone Vineyard

NAME: Johannisberg Riesling "Santa Ynez Valley"

VINTAGE	PRICE
1978	$4.50 – 5.50
1977	4.50 – 5.50
1976	5.00 – 6.00

PRODUCER: Heitz Wine Cellars

NAME: Johannisberg Riesling "Napa Valley"

VINTAGE	PRICE
1978	$6.50 – 7.50
1977	6.50 – 7.50
1976	6.50 – 7.50

PRODUCER: Freemark Abbey Winery

NAME: Johannisberg Riesling Sweet Select "Napa Valley"

VINTAGE	PRICE
1977	$8.50 – 10.00
1976	8.50 – 10.00
1975	8.50 – 10.00

PRODUCER: HMR Hoffman Vineyards

NAME: Johannisberg Riesling "San Luis Obispo"

VINTAGE	PRICE
1977	$5.50 – 6.50
1976	5.00 – 6.00

PRODUCER: Joseph Phelps Vineyards

NAME: Johannisberg Riesling "Napa Valley"

VINTAGE	PRICE
1978	$6.50 — 7.50
1977	6.50 — 7.50
1976	6.00 — 7.00

PRODUCER: Stag's Leap Wine Cellars

NAME: Johannisberg Riesling "Birkmyer Vineyards (Napa)"

VINTAGE	PRICE
1978	$6.00 — 7.00
1977	5.50 — 6.50
1976	5.00 — 6.00
1975	5.00 — 6.00

PRODUCER: Raymond Vineyard & Cellar

NAME: Johannisberg Riesling "Napa Valley"

VINTAGE	PRICE
1978	$5.50 — 6.50
1977	5.50 — 6.50
1976	5.50 — 6.50

PRODUCER: Veedercrest Vineyards

NAME: White Riesling Auslese "Winery Lake (Napa)"

VINTAGE	PRICE
1978	$8.00 — 9.50
1977	8.00 — 9.50
1976	8.00 — 9.50

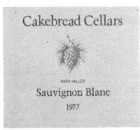

PRODUCER: Cakebread Cellars
NAME: Sauvignon Blanc
"Napa Valley"

VINTAGE	PRICE
1978	$7.50 — 9.00
1977	7.50 — 9.00
1976	7.50 — 9.00

PRODUCER: Château St. Jean
NAME: Fumé Blanc
"Napa Valley"

VINTAGE	PRICE
1978	$7.00 — 8.00
1977	7.00 — 8.00

PRODUCER: Callaway Vineyard
& Winery
NAME: Sauvignon Blanc—Dry
"Temecula"

VINTAGE	PRICE
1978	$6.50 — 7.50
1977	6.00 — 7.00
1976	6.00 — 7.00

PRODUCER: Dry Creek Vineyard
NAME: Fumé Blanc
"Sonoma County"

VINTAGE	PRICE
1978	$7.00 — 8.00
1977	6.50 — 7.50
1976	6.50 — 7.50

| PRODUCER: | The Monterey Vineyard |
| NAME: | Sauvignon Blanc "Botrytis" |

VINTAGE	PRICE
1977	$9.50 — 11.00
1976	9.50 — 11.00

| PRODUCER: | Spring Mountain Vineyards |
| NAME: | Sauvignon Blanc "Napa Valley" |

VINTAGE	PRICE
1978	$8.00 — 9.00
1977	7.00 — 8.00

| PRODUCER: | Parducci Wine Cellars |
| NAME: | Sauvignon Blanc "Mendocino County" |

VINTAGE	PRICE
1978	$4.50 — 5.00
1977	4.50 — 5.50
1976	4.50 — 5.50

| PRODUCER: | Sterling Vineyards |
| NAME: | Sauvignon Blanc "Napa Valley" |

VINTAGE	PRICE
1978	$6.00 — 7.00
1977	6.00 — 7.00
1976	5.50 — 6.50

PRODUCER: Burgess Cellars
NAME: Chenin Blanc—Dry
"Napa Valley"

VINTAGE	PRICE
1977	$6.00 — 7.00
1976	6.00 — 7.00
1975	6.00 — 7.00

PRODUCER: Callaway Vineyard & Winery
NAME: Chenin Blanc—Dry "Temecula"

VINTAGE	PRICE
1978	$5.00 — 6.00
1977	5.00 — 6.00
1976	4.50 — 5.50

PRODUCER: Cakebread Cellars
NAME: Chenin Blanc

VINTAGE	PRICE
1978	$4.50 — 5.50
1977	4.50 — 5.50

PRODUCER: Chalone Vineyard
NAME: Chenin Blanc Estate Bottled

VINTAGE	PRICE
1978	$6.50 — 7.50

PRODUCER:	Chappellet
NAME:	Chenin Blanc
	"Napa Valley"

VINTAGE	PRICE
1978	$6.00 − 7.00
1977	6.00 − 7.00

PRODUCER:	Fetzer Vineyards
NAME:	Chenin Blanc
	"Mendocino"

VINTAGE	PRICE
1978	$4.00 − 5.00
1977	4.00 − 5.00

PRODUCER:	Dry Creek Vineyard
NAME:	Chenin Blanc
	"Sonoma County"

VINTAGE	PRICE
1978	$5.00 − 6.00
1977	5.00 − 6.00
1976	5.00 − 6.00

PRODUCER:	Kenwood Vineyards
NAME:	Chenin Blanc—Dry
	"Sonoma County"

VINTAGE	PRICE
1978	$5.00 − 6.00
1977	4.50 − 5.50
1976	4.50 − 5.50

PRODUCER: Mirassou Vineyards
NAME: Chenin Blanc
"Monterey"

VINTAGE	PRICE
1978	$4.50 — 5.50
1977	4.50 — 5.50
1976	4.50 — 5.50

PRODUCER: Robert Mondavi Winery
NAME: Chenin Blanc "Napa Valley"

VINTAGE	PRICE
1978	$5.00 — 6.00
1977	5.00 — 6.00

PRODUCER: Raymond Vineyard & Cellar
NAME: Chenin Blanc "Napa Valley"

VINTAGE	PRICE
1978	$5.00 — 6.00
1977	5.00 — 6.00
1976	5.00 — 6.00

PRODUCER: San Martín Winery
NAME: Chenin Blanc "Monterey County"

VINTAGE	PRICE
1978	$4.50 — 5.50
1977	4.00 — 5.00
1976	4.00 — 5.00

PRODUCER: Sterling Vineyards
NAME: Chenin Blanc—Dry
"Napa Valley"

VINTAGE	PRICE
1978	$5.00 — 6.00
1977	5.00 — 6.00
1976	5.00 — 6.00
1975	5.00 — 6.00

PRODUCER: Villa Mt. Eden
NAME: Chenin Blanc
"Napa Valley"

VINTAGE	PRICE
1978	$5.50 — 6.50
1977	5.50 — 6.50

PRODUCER: Trentadue Winery
& Vineyards
NAME: Chenin Blanc
"Sonoma"

VINTAGE	PRICE
1978	$4.00 — 5.00
1977	3.50 — 4.50
1976	3.50 — 4.50

PRODUCER: Yverdon Vineyards
NAME: Chenin Blanc
"Napa Valley"

VINTAGE	PRICE
1978	$5.00 — 6.00
1977	4.50 — 5.50
1976	4.50 — 5.50

| PRODUCER: | Alexander Valley Vineyards |
| NAME: | Gewürztraminer Estate Bottled |

VINTAGE	PRICE
1978	$6.50 – 7.50
1977	6.50 – 7.50

| PRODUCER: | Clos du Bois |
| NAME: | Gewürztraminer "Alexander Valley" |

VINTAGE	PRICE
1978	$6.00 – 7.00

| PRODUCER: | Château St. Jean |
| NAME: | Gewürztraminer "Sonoma County" |

VINTAGE	PRICE
1978	$7.50 – 9.00
1977	7.50 – 9.00

| PRODUCER: | Fetzer Vineyards |
| NAME: | Gewürztraminer |

VINTAGE	PRICE
1978	$5.50 – 6.50
1977	5.00 – 6.00

PRODUCER: The Firestone Vineyard

NAME: Gewürztraminer "Santa Ynez Valley"

VINTAGE	PRICE
1978	$5.00 – 6.00
1977	5.00 – 6.00

PRODUCER: Gundlach-Bundschu

NAME: Gewürztraminer "Sonoma County"

VINTAGE	PRICE
1978	$7.50 – 9.00
1977	6.50 – 7.50

PRODUCER: Grand Cru' Vineyards

NAME: Gewürztraminer "Alexander Valley"

VINTAGE	PRICE
1978	$6.50 – 7.50
1977	6.50 – 7.50
1976	5.50 – 6.50

PRODUCER: Hacienda Wine Cellars

NAME: Gewürztraminer 'Sonoma County"

VINTAGE	PRICE
1978	$6.50 – 7.50
1977	6.50 – 7.50
1976	5.50 – 6.50

PRODUCER: Joseph Phelps Vineyards

NAME: Gewürztraminer "Napa Valley"

VINTAGE	PRICE
1978	$6.50 − 7.50
1977	6.00 − 7.00
1976	5.50 − 6.50

PRODUCER: The Monterey Vineyard

NAME: Gewürztraminer "Monterey County"

VINTAGE	PRICE
1977	$5.00 − 6.00

PRODUCER: Mirassou Vineyards

NAME: Gewürztraminer "Monterey"

VINTAGE	PRICE
1977	$5.00 − 6.00
1976	5.00 − 6.00
"125th Anniversary Selection"	
1978	5.50 − 6.50

PRODUCER: J. Pedroncelli Winery

NAME: Gewürztraminer "Sonoma County"

VINTAGE	PRICE
1978	$4.50 − 5.50
1977	4.00 − 5.00
1976	4.00 − 5.00

PRODUCER: Sterling Vineyards
NAME: Gewürztraminer
"Napa Valley"

VINTAGE	PRICE
1978	$5.00 — 6.00
1977	5.00 — 6.00
1976	5.00 — 6.00

PRODUCER: Veedercrest
Vineyards
NAME: Gewürztraminer
Late Harvest "Napa County"

VINTAGE	PRICE
1978	$9.00 — 10.50
1977	9.00 — 10.50
1976	9.00 — 10.50

PRODUCER: Villa Mt. Eden
NAME: Gewürztraminer
Estate Bottled "Napa Valley"

VINTAGE	PRICE
1978	$6.00 — 7.00
1977	6.00 — 7.00

PRODUCER: ZD Wines
NAME: Gewürztraminer
"Santa Barbara"

VINTAGE	PRICE
1978	$5.50 — 6.50
1977	5.50 — 6.50

PRODUCER: Domaine Chandon
NAME: Napa Valley Brut

VINTAGE	PRICE
Nonvintage	$9.50 — 11.00
"Blanc de Noirs"	
Nonvintage	9.50 — 11.00

PRODUCER: Martin Ray
NAME: California Champagne "Cuvée"

VINTAGE	PRICE
1977	$24.00 — 28.50

PRODUCER: F. Korbel and Sons
NAME: Natural California Champagne "Extremely Dry"

VINTAGE	PRICE
Nonvintage	$8.50 — 10.00
"Brut"	
Nonvintage	7.00 — 8.50

PRODUCER: Mirassou Vineyards
NAME: Monterey County Champagne "Late Disgorged"

VINTAGE	PRICE
1973	$10.50 — 12.00
1971	10.50 — 12.00
"125th Anniversary Selection"	
1972	10.50 — 12.00

PRODUCER: Schramsberg
Vineyards
NAME: Napa Valley Champagne
"Blanc de Blancs"

VINTAGE	PRICE
1976	$11.00 – 12.50
1975	11.00 – 12.50

PRODUCER: Schramsberg
Vineyards
NAME: Napa Valley Champagne

VINTAGE	PRICE
1974	$12.00 – 13.50
1973	13.00 – 15.00
1971	18.50 – 21.50
1968	23.50 – 27.50